Annales corrigées CAP petite enfance

Épreuves professionnelles

3e édition

Chez le même éditeur

Dans la gamme Concours

Méga guide Concours AS/AP, par J. Gassier, M.-H. Bru, P. Lecocq, C. Siebert, G. Moussy-Binet, 2008, 624 pages.

Concours d'entrée AS/AP. Épreuves écrites, par J. Gassier, M. Vasseur, G. Moussy-Binet, E. Allègre, D. Guérin, F. Magère, M.-H. Bru, 2009, 416 pages.

Concours d'entrée AS/AP. Épreuves orales, par J. Gassier, 2010, 352 pages.

Réussir le concours ATSEM, par J. Gassier, E. Giroulle, O. Meyer, 2008, 224 pages.

Dans la gamme Lycée professionnel

CAP petite enfance Matières professionnelles, par J. Gassier, F. Filachet, 2009, 416 pages.

Fiches techniques CAP petite enfance, par J. Gassier, 2010, 304 pages.

TD CAP petite enfance. Sciences médico-sociales, technologies et techniques professionnelles, par J. Gassier, I. Dimier, 2012, 160 pages.

TD CAP petite enfance. Biologie, nutrition-alimentation, technologies et techniques professionnelles, par J. Gassier, F. Filachet, 2012, 112 pages.

Annales corrigées CAP petite enfance Épreuves professionnelles, par J. Gassier, G. Moussy-Binet, A. Cornier, 2009, 224 pages.

Dans la collection « AS/AP »

Guide AP – Auxiliaire de puériculture, par J. Gassier, 2010, 608 pages.

Guide AS – Aide-soignant, par J. Gassier, K. Le Neurès, E. Peruzza, 2012, 608 pages.

Mémo-fiches AP. Modules 1 à 8, par J. Gassier, 2010, 288 pages.

Mémo-fiches AS. Modules 1à 8, par J. Gassier, 2010, 328 pages.

Hors collection

Le Guide de la puéricultrice, par J. Gassier, C. de Saint-Sauveur, 2008, 1192 pages.

Le Guide de la petite enfance, par J. Gassier, 2009, 416 pages.

70 activités et jeux pour les 0-6 ans, par J. Gassier, E. Allègre, 2010, 176 pages.

85 Fiches d'animation pour les personnes âgées, par J. Gassier, E. Allègre, 2011, 224 pages.

Annales corrigées CAP petite enfance
Épreuves professionnelles

3e édition

Jacqueline Gassier
Puéricultrice, diplômée d'État
Professeur de sciences et techniques médico-sociales

Geneviève Moussy-Binet
Docteur en sciences de la vie
Professeur en bio-technologies

Annette Cornier
Inspectrice de l'éducation nationale en sciences biologiques et sciences sociales appliquées

ELSEVIER
MASSON

ISBN : 978-2-294-72753-5

Elsevier Masson SAS, 62, rue Camille-Desmoulins, 92442 Issy-les-Moulineaux cedex
www.elsevier-masson.fr

Préface

C'est avec le souci permanent de répondre aux besoins des candidat(e)s préparant le CAP Petite enfance qu'a été élaboré cet ouvrage d'annales, qui rassemble les trois épreuves de l'examen : *EP1, EP2 et EP3.* Pour chaque épreuve sont proposés des sujets des années précédentes, avec leurs corrigés très développés qui permettront aux candidat(e)s, à partir de situations professionnelles spécifiques aux 3 épreuves de l'examen, de vérifier leurs compétences et leurs connaissances.

L'EP1 a pour objectif de vérifier les compétences professionnelles et les savoirs associés liés aux activités d'accueil et de prise en charge de jeunes enfants dans le contexte du *domicile privé*. Elle se compose de deux parties : la partie écrite (durée : 1 h 30) et la partie pratique (durée : 45 minutes). Basée plus particulièrement sur les soins d'hygiène et de confort, le candidat(e) doit démontrer qu'il sait identifier les besoins de l'enfant dans le cadre du domicile et contribuer à son développement psycho-affectif par des moyens adaptés.

L'EP2 a pour objectif de vérifier les compétences professionnelles et les savoirs associés liés aux activités professionnelles d'accueil et de prise en charge de jeunes enfants en *structures collectives* (crèches, écoles maternelles, haltes-garderies, etc.). Elle se compose d'un exposé fait par le candidat(e) à partir de la présentation d'un dossier, suivi d'un entretien qui permet au jury d'approfondir les éléments du dossier. Le candidat(e) doit démontrer qu'il sait identifier les besoins des enfants dans un contexte professionnel et les satisfaire par différents moyens mis à sa disposition ; les savoirs associés sont recherchés tout particulièrement dans l'organisation des activités de jeux et de loisirs en collectivités.

L'EP3 a pour objectif de vérifier les compétences professionnelles et les savoirs associés liés aux activités professionnelles de préparation et de service des repas, ainsi que d'entretien du cadre de vie dans le contexte à la fois *familial et collectif*. Le candidat(e) doit justifier ses choix technologiques, savoir gérer son poste de travail et contrôler la qualité du résultat. Il doit démontrer qu'il connaît les règles d'hygiène, de sécurité, d'ergonomie et d'économie de matériel. L'épreuve comprend une partie pratique et une partie écrite (portant sur les savoirs associés en nutrition et en technologie).

Les auteurs ont élaboré les corrigés des sujets avec l'objectif de :

– donner aux candidat(e)s au CAP Petite enfance la possibilité *d'enrichir leur culture* dans le domaine sanitaire et social et, grâce à cela, leur permettre d'épanouir leur personnalité, de se situer dans la vie professionnelle et d'en être des acteurs conscients et responsables ;

– développer leurs «*capacités transversales*» en les rendant capables de «s'informer», d'émettre des «hypothèses», d'exercer une réflexion «critique», «d'analyser» une situation, de «s'exprimer» et «d'organiser leur travail»;

– doter les futurs professionnels de diverses *méthodes* de travail facilitant l'acquisition des compétences professionnelles et permettant l'adaptation aux évolutions technologiques de leur métier.

Ainsi, la réussite du candidat à l'examen final sera l'aboutissement d'une formation pensée de manière cohérente. Il est en effet essentiel de faire apparaître le lien entre l'enseignement général et les enseignements professionnels, qui ont pour objectif de développer les savoirs et les savoir-faire des élèves. Cette formation doit leur donner tous les moyens de développer leurs capacités d'observation autour d'activités concrètes.

C'est avec le même objectif qu'a été rédigé cet ouvrage. Afin d'aider les candidat(e)s au CAP Petite enfance à mieux préparer les trois épreuves professionnelles, les auteurs ont élaboré les corrigés en faisant toujours référence aux conseils généraux de *méthodologie*, pour leur apprendre à bien analyser une situation, à exposer leurs connaissances et à *développer* leurs réponses de façon précise et structurée.

À la fois recueil d'annales et instrument d'entraînement, ce livre «*tout en un*» les aidera à approfondir leurs acquis autour de quatre grands pôles du savoir : mieux lire, mieux comprendre, mieux développer ses idées et ses connaissances, mieux s'exprimer et ainsi augmenter ses chances de succès à l'examen final.

Annette Cornier

Inspectrice de l'Éducation nationale
en sciences biologiques
et sciences sociales appliquées.

SOMMAIRE

Introduction

1. Les compétences du professionnel de la petite enfance

Les corrigés des sujets présentés dans cet ouvrage s'articulent autour de quatre grandes attitudes professionnelles qui sont prises en compte dans les critères d'évaluation pour l'examen du CAP Petite enfance. Le (ou la) candidat(e) au CAP Petite enfance doit être capable :

- *d'organiser son travail*, c'est-à-dire de le planifier, de le préparer et de le gérer avec logique ;
- *de réaliser sa tâche* en respectant la procédure, les règles d'hygiène, de sécurité et de confort (HSC) ;
- *de communiquer avec l'enfant*, d'identifier ses besoins, de stimuler son développement et son autonomie ;
- *de communiquer avec l'équipe pluridisciplinaire* (c'est-à-dire de savoir recueillir une information et de transmettre un message).

Le (ou la) candidat(e) doit s'adapter à deux contextes professionnels : celui du domicile privé et celui de la structure collectivité d'accueil.

L'organisation du travail

L'organisation du travail est le préalable indispensable à toute action bien menée. Elle permet d'exécuter les tâches de façon logique.
Pour cela, l'exécutant(e) devra :

▶ Recueillir les informations et analyser la situation

Organiser son travail inclut nécessairement « l'information ». Celle-ci reste « au cœur de toute action » bien menée. Pour cela, il faut, que ce soit au domicile ou en structure d'accueil :

- *observer l'enfant* (ou le groupe d'enfants) avant de commencer la tâche, qu'il s'agisse de la distribution d'un repas, d'un soin ou d'une activité de jeux ;
- *s'informer* auprès de l'équipe de soin au sujet de l'enfant (ou du groupe d'enfants) et du travail à effectuer ou de l'activité à organiser ;
- *évaluer* la participation de l'enfant (ou du groupe d'enfants), c'est-à-dire son envie de participer, son degré d'autonomie. Il faut toujours obtenir le consentement de l'enfant (ou du groupe) et convenir avec lui du moment le plus propice à l'action ;
- *s'informer* des habitudes de l'enfant, informer la famille des soins (ou des activités) qui ont été effectués (ou réalisés), et du comportement de l'enfant au cours de ceux-ci ;

- *analyser sa tâche* à la lumière des informations recueillies, c'est-à-dire la planifier dans le temps et dans l'espace en utilisant la méthode du QQQOCP[1].

Regrouper le matériel pour l'ensemble de la tâche professionnelle

Le matériel doit être prévu en fonction du soin à effectuer ou de la tâche à réaliser, et cela après observation de l'enfant (ou du groupe d'enfants), de l'état des lieux et des matériaux mis à disposition.
Il est recommandé de prévoir le matériel utile avant, pendant et après le travail :

- *avant le travail*, évaluer tout le matériel nécessaire et le regrouper ;
- *au cours du travail*, regrouper le matériel à proximité du lieu où s'effectuera le soin ou l'activité, afin d'éviter les déplacements inutiles ;
- *après le travail*, nettoyer le matériel (le désinfecter en collectivité avec des nettoyants désinfectants) et ranger le matériel à sa place (ordre).

Gérer son temps

C'est-à-dire organiser son travail selon le temps imparti (le temps d'exécution de la tâche est souvent précisé dans les sujets du CAP Petite enfance).
Il faut garder en mémoire qu'un matériel bien préparé et une économie de gestes font gagner beaucoup de temps. Ainsi, l'exécutant(e) pourra être rapide, tout en étant disponible à l'enfant et efficace dans son travail.

Le respect des règles d'HSC et d'ergonomie

Pour bien réaliser sa tâche professionnelle, il faut respecter certains principes, à savoir respecter l'*hygiène*, la *sécurité* et le *confort* de l'enfant, et accomplir son travail en protégeant sa santé (*ergonomie*) et en *économisant* le matériel.
Rappelons à nouveau que la relation avec l'enfant doit rester « au cœur de l'action » !

Respecter les règles d'hygiène

Pour travailler selon des principes d'hygiène, il faut :

- *se laver les mains au minimum* avant et après chaque soin (ou activité professionnelle) ;
- *nettoyer (et désinfecter en collectivité) le matériel* avant et après chaque activité professionnelle ;
- *respecter les circuits « propre et sale »* pour le linge et le matériel de soin ;
- *travailler dans le sens « propre vers le sale »* : règle de base qui s'applique aussi bien pour un soin que pour une toilette ou une tâche matérielle ;
- *manipuler correctement le matériel,* c'est-à-dire :
  – regrouper le matériel propre sur un chariot de soin (équipé de sacs plastiques pour le matériel sale),
  – ne faire entrer dans un local que du matériel propre (parfois désinfecté en structure collective),

1 QQQOCP est une méthode mnémotechnique qui permet d'analyser globalement une situation en se questionnant (qui ? quand ? quoi ? où ? comment ? pourquoi ?).

– ne pas tenir contre soi le linge sale,
– ne pas déposer le linge sale sur le sol,
– utiliser des gants à usage unique pour certaines tâches professionnelles ;

- *assurer l'hygiène* de l'espace de vie (environnement, mobilier, objets).

Assurer la sécurité de l'enfant

Organiser la sécurité autour de l'enfant (ou du groupe d'enfants) reste la préoccupation essentielle du professionnel de l'enfance. Pour cela, il lui faudra :

- aménager un environnement dépourvu de tout risque potentiel d'accident ;
- utiliser tous les moyens matériels du service pour éviter les risques d'accident ;
- appliquer scrupuleusement les règles d'hygiène précitées pour lutter contre les risques d'infections et assurer une prévention efficace.

Assurer le confort de l'enfant

Pour assurer le confort de l'enfant, que ce soit en milieu familial ou collectif, diverses mesures peuvent être prises selon chaque situation particulière. D'une façon plus générale, le professionnel de l'enfance devra :

- *être attentif aux états de « bien-être » ou de « mal-être »* de l'enfant (observer les mimiques, les réactions, le degré de communication, prendre en compte ses remarques) ;
- *veiller au confort ambiant* : pour que l'espace de vie soit confortable, il faut prévoir l'aération des pièces, un chauffage et un éclairage rationnel, adaptés aux activités (sommeil, jeux ou bain de l'enfant) ;
- *veiller à la bonne installation de l'enfant* :
– dans le lit : l'installer confortablement (oreillers si assis),
– au moment des jeux : l'installer sur un tapis de sol (le mobilier doit être en bon état ; il faut signaler ce qui est défectueux) ;
- *choisir des vêtements adaptés* : aux activités, à l'âge, à la saison, au lieu (si la pièce est bien chauffée, il faut penser à découvrir les enfants) ; s'informer également des habitudes de vie familiale ;
- *choisir du matériel adapté* à l'âge et aux besoins (celui-ci participe amplement au confort de l'enfant) ; il s'agit plus particulièrement du matériel des repas, du lit et de la literie et des espaces de vie (chambre, salle de jeux).

Respecter les principes d'ergonomie

Le personnel de la petite enfance doit connaître les gestes à faire et ceux à éviter, pour prévenir les risques d'accidents dorso-lombaires. La position du corps est déterminante pour éviter les faux mouvements préjudiciables à la santé et pour assurer une bonne stabilité lors des manipulations de l'enfant ou les transferts de charges.

Les liens relationnels avec l'enfant

Dans le domaine professionnel, et tout particulièrement dans le secteur de la petite enfance, l'élément relationnel reste fondamental. La relation à l'enfant donne un sens à tous les gestes accomplis. Le personnel de la petite enfance doit faire appel à toutes ses ressources humaines, à toutes ses qualités de cœur, pour manifester à l'enfant dont il a la charge tout son respect, toute sa disponibilité. Il doit également faire preuve de tact et de délicatesse dans ses rapports à l'autre, qu'ils se manifestent de façon verbale ou non. Ainsi, pour donner quelques exemples concrets, nous dirons que pour manifester du respect à l'enfant, il faut :

- le considérer comme une personne à part entière ;
- l'appeler par son nom (sans le déformer) ;
- l'avertir du soin (ou de l'activité) qui va être pratiqué sur lui (ou pour lui) ;
- lui demander sa participation ;
- le laisser s'exprimer et l'écouter avec attention ;
- ne pas l'interrompre brutalement au cours de ses jeux (ex. : donner un repas, changer ses couches) ;
- respecter son rythme ;
- s'interdire de parler à une tierce personne au cours d'une tâche auprès de l'enfant (sauf nécessité absolue ou dans l'intérêt de l'enfant) ;
- garder à l'esprit que la « communication non verbale » est une communication à part entière et qu'elle est pleine de significations. Il faut savoir :
  - regarder avec bienveillance chaque enfant (sans préférence),
  - toucher la main, caresser le front,
  - embrasser du regard.

Ainsi, grâce à une « communication » harmonieuse, toute tâche professionnelle devient un moment privilégié d'échanges, un plaisir partagé, qui facilite la compréhension et permet l'épanouissement de chacun.

La communication avec l'équipe (ou structure collective)

Dans une structure d'accueil collectif (telle que la crèche), chaque professionnel doit communiquer avec toute l'équipe. Les observations seront notées par écrit sur le « cahier des transmissions ». Elles seront faites (aussi) de façon orale à divers niveaux (de la responsable du soin à chaque membre de l'équipe).

Ces informations doivent être :

- claires et précises (il faut utiliser des mots permettant de bien cerner la situation),
- concises (une synthèse de la situation est nécessaire pour la transmission écrite).

Tout ce qui est accessoire sera transmis oralement.

Ces informations doivent transmettre :

- la nature du soin (préciser s'il a été fait en totalité ou s'il doit être complété) ou de l'activité proposée aux enfants,
- les observations faites au sujet de l'enfant. Par exemple, on notera :

- la prise ou le refus du repas,
- les troubles du sommeil, les pleurs, etc.,
- le comportement de l'enfant,
- les paroles exprimées,
- les mimiques,
- les incidents éventuels.

Ainsi, grâce à la communication dans l'équipe, les rapports seront facilités, l'enfant mieux compris et la qualité des soins améliorée.

La fonction du titulaire du CAP Petite enfance

Le professionnel titulaire du CAP Petite enfance est une personne qualifiée, compétente pour l'accueil et la garde des jeunes enfants. Avec les parents et les autres professionnels, elle répond aux besoins fondamentaux de l'enfant et contribue à son développement, à son éducation et à sa socialisation. Elle assure, en outre, l'entretien des différents espaces de vie de l'enfant.
Le titulaire du CAP Petite enfance peut exercer sa profession :

- *en milieu familial :*
  - à son domicile (comme salarié d'employeur particulier ou de crèche familiale) sous réserve d'être agréé,
  - au domicile des parents (comme salarié d'employeur particulier ou de services d'aide à domicile) ;
- *en structures collectives :*
  - en crèche collective,
  - en halte-garderie,
  - en école maternelle,
  - en garderie périscolaire,
  - en centre de loisirs sans hébergement,
  - en centre de vacances collectif d'enfants,
  - et tout établissement d'accueil de jeunes enfants.

La réglementation de l'examen[2]

Certificat d'aptitude professionnelle petite enfance			Scolaires (établissements publics et privés sous contrat) Apprentis (CFA et sections d'apprentissage habilités) Formation professionnelle continue (établissements publics)	Scolaires (établissements privés sous contrat) Apprentis (CFA et sections d'apprentissage non habilités) Formation professionnelle continue (établissements privés) Enseignement à distance candidats individuels	
Épreuves	**Unités**	**Coeff.**	**Mode**	**Mode**	**Durée**
Unités professionnelles					
EP1 Prise en charge de l'enfant à domicile	UP1	4	CCF*	Ponctuel écrit et pratique	2 h 15
EP2 Accompagnement éducatif de l'enfant	UP2	5[a]	CCF	Ponctuel oral (+ écrit pour la PSE)	1 h 30[b]
EP3 Techniques de services à l'usager	UP3	4	CCF	Ponctuel écrit et pratique	2 h 30
Unités générales					
G1 Français et histoire-géographie	UG1	3	CCF	Ponctuel écrit et oral	2 h 15
EG2 Mathématiques sciences	UG2	2	CCF	Ponctuel écrit	2 h
EG3 Éducation physique et sportive	UG3	1	CCF	Ponctuel	

a Dont coefficient 1 pour la Prévention Santé Environnement (PSE).
b Dont une heure pour la Prévention Santé Environnement (BO n° 8 du 25/02/2010).
* CCF : contrôle en cours de formation.

2 Arrêté du 22/11/2007.

PARTIE

1

EP1
Prise en charge de l'enfant à domicile

CHAPITRE

1 Description de l'épreuve EP1

L'épreuve EP1 a pour objectif de vérifier les compétences professionnelles et les savoirs associés liés aux activités professionnelles d'accueil et de prise en charge de jeunes enfants dans le contexte du domicile privé.
L'épreuve EP1 comporte deux parties.

	1re partie Écrite Durée 1 h 30	**2e partie Pratique Durée 45 min. maximum**
Déroulement	À partir d'une situation professionnelle au domicile, répondre à une série de questions permettant de vérifier la maîtrise des compétences et des savoirs associés listés ci-dessous	À partir d'une situation professionnelle de prise en charge d'enfant(s) au domicile privé : – mettre en œuvre une ou des technique(s) de soins d'hygiène corporelle et/ou de confort – assurer la prévention et la sécurité Cette 2e partie d'épreuve EP1 se déroule dans une salle de techniques professionnelles
Compétences évaluées	– Identifier les besoins des enfants (dans le contexte professionnel du domicile) – Mettre en place une activité ludique pour un enfant – Contribuer à l'acquisition du langage, de la motricité et à la construction des relations sociales – Contribuer au développement psycho-affectif de l'enfant	– Identifier les besoins des enfants (dans le contexte professionnel du domicile) – S'adapter à une situation non prévue – Assurer les soins d'hygiène corporelle, le confort de l'enfant – Assurer la prévention et la sécurité
Savoirs associés évalués	**Sciences médico-sociales** – L'enfant : besoins de l'enfant et facteurs de développement – Troubles et maladies courantes de l'enfant – Cadre juridique et institutionnel général : cadre politique et administratif de la France – Statut juridique de l'enfant et de la famille – Protection sanitaire et sociale de l'enfant (0 à 6 ans) et de la famille – Protection sanitaire – Modes d'accueil	

	1re partie Écrite Durée 1 h 30	2e partie Pratique Durée 45 min. maximum
	Biologie générale et appliquée – Organisation générale du corps humain et fonctions – La peau – Les fonctions de nutrition – Maintien de l'intégrité de l'organisme **Nutrition – alimentation** – Besoins nutritionnels de l'enfant et apports conseillés en nutriments – Les sources nutritionnelles : classification nutritionnelle par groupes – L'alimentation de l'enfant de 0 à 6 ans **Technologie** – Qualité de vie dans le logement et prévention des accidents domestiques	

CHAPITRE

2 Sujets corrigés

SUJET 1 Sujet complet – Partie écrite

SITUATION PROFESSIONNELLE

Vous êtes assistante maternelle et accueillez :

- Matthieu, 2 ans 1/2 pour la journée le mercredi et de 11 h 30 à 19 h 00 les autres jours ;
- Zohra, 7 mois, régulièrement à votre domicile jusqu'à 16 h 30.

Vous organisez le repas de midi pour les deux enfants.
Nous sommes mercredi, la maman de Matthieu dépose l'enfant à 10 h et viendra le rechercher à 19 h. Elle vous demande de lui donner son bain.
Le papa de Zohra est arrivé tôt ce matin à 7 h , il reviendra vers 16 h 30 pour la reprendre.

CARACTÉRISTIQUES DES ENFANTS

Zohra

- *Santé*

Zohra pèse 7 kg et mesure 65 centimètres.

- *Développement psychomoteur*

Elle tient assise dans sa chaise haute lors du repas.

- *Adaptation*

L'alimentation est diversifiée, elle s'est bien adaptée à son mode de garde.

- *Particularité*

Elle jette souvent sa tétine et porte la girafe ou ses mains à la bouche.

Matthieu

- *Santé*

Matthieu pèse 13 kg et mesure 85 centimètres.

- *Développement psychomoteur*

Il a acquis la propreté, il demande à aller sur le pot. Il court beaucoup lors des sorties et aime ramasser les objets qu'il trouve.

- *Adaptation*

Il vient d'intégrer la maternelle seulement pour les matinées.

- *Particularité*

C'est un enfant qui pose beaucoup de questions.

Annexe 1

LES BESOINS DES ENFANTS

QUESTION

À partir de la situation décrite et des annexes proposées, compléter le tableau ci-dessous concernant l'enfant : Zohra **(une réponse attendue par case)**.

	Soin d'hygiène proposé	Confort lié à ce soin	Sécurité liée à ce soin	Communication liée à ce soin
Besoin d'hygiène	➔		➔	➔
Besoin d'alimentation	➔	➔	➔	

CONTRIBUTION AU DÉVELOPPEMENT ET À LA SOCIALISATION DE L'ENFANT

QUESTION 1

Vous proposez une activité ludique pour Matthieu en milieu de matinée lorsque Zohra fait sa première sieste.

a. Indiquer l'activité proposée.

b. Préciser deux objectifs visés.

c. Indiquer deux tâches réalisées par Matthieu.

d. Indiquer deux tâches réalisées par l'assistante maternelle.

■ **QUESTION 2**

Selon leur âge, les enfants développent des modes d'expression et de communication avec leur entourage.

Vous devez :

a. Indiquer trois situations au cours desquelles vous pouvez stimuler la communication orale de Zohra.

b. Pour chaque situation, justifier vos réponses.

SCIENCES MÉDICO-SOCIALES

En début d'après-midi, Matthieu est fiévreux et grognon. Sa maman vous avait averti d'une épidémie de varicelle dans sa classe de maternelle.

■ **QUESTION 1**

Indiquer les quatre phases de l'évolution d'une maladie infectieuse.

■ **QUESTION 2**

Décrire :

a. deux manifestations de la varicelle.

b. deux conduites à tenir.

c. deux moyens de prévention.

■ **QUESTION 3**

Matthieu est suivi par la PMI. Indiquer la signification de ce sigle et préciser la collectivité territoriale de rattachement de la PMI.

■ **QUESTION 4**

Lors des consultations, le médecin de la PMI utilise le carnet de santé de Matthieu.

Indiquer deux intérêts du carnet de santé.

BIOLOGIE GÉNÉRALE ET APPLIQUÉE

La varicelle est une maladie infectieuse et contagieuse qui touche particulièrement le jeune enfant.

■ **QUESTION 1**

Énumérer 4 voies de pénétration des micro-organismes.

■ **QUESTION 2**

Indiquer sur le schéma ci-dessous les éléments suivants : *glande sébacée, glande sudoripare, muscle horripilateur, hypoderme, derme, épiderme, capillaires sanguins, poil..*

■ **QUESTION 3**

Citer deux fonctions de la peau.

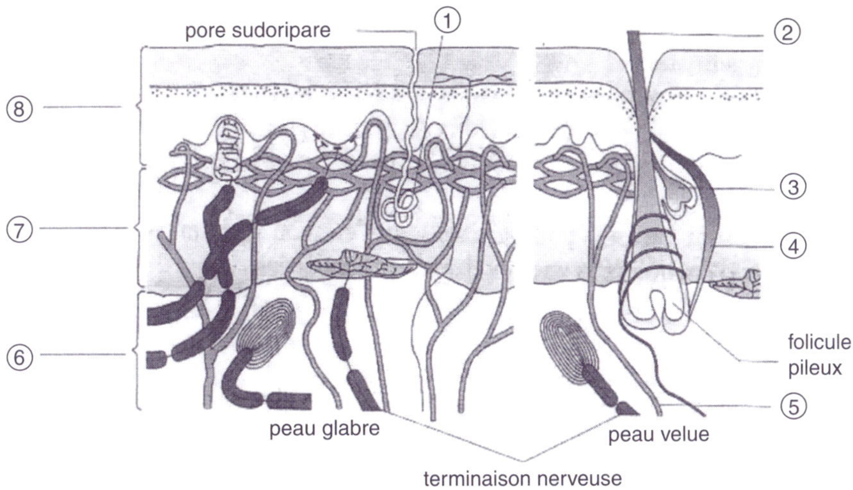

NUTRITION-ALIMENTATION

Vous disposez des aliments suivants pour préparer le repas des enfants : pommes de terre, carottes, haricots verts, œufs, blanc de poulet, beurre, huile, pommes, yaourts, lait de vache, ALD 2e âge, petits pots de fruits (dès 6 mois), oranges, eau minérale, sucre, pain.

Vous proposez à Matthieu le déjeuner suivant :

- carottes râpées à l'orange ;
- un petit blanc de poulet grillé ;
- des haricots verts + une noisette de beurre ;
- 1 tranche de pain ;
- 1 yaourt aux fruits.

QUESTION 1

Indiquer dans le tableau ci-dessous les groupes alimentaires de chaque préparation ainsi que le constituant alimentaire principal.

Menu	Groupes alimentaires	Constituant alimentaire principal
Carottes râpées	Végétaux frais	Vitamines, fibres, eau
Blanc de poulet grillé		
Haricots verts	Végétaux frais	Vitamines, fibres, eau
Noisette de beurre		Lipides
Tranche de pain		
Yaourt aux fruits	Produits laitiers	

QUESTION 2

Énoncer l'intérêt nutritionnel des produits laitiers pour les jeunes enfants.

QUESTION 3

Adapter le menu proposé pour Zohra sachant que ses parents n'ont pas encore introduit le groupe viandes, poissons, œufs dans son alimentation.

■ **QUESTION 4**

Justifier la texture des préparations servies à Zohra.

TECHNOLOGIE

Après le départ de Zohra, vous donnez le bain à Matthieu.

■ **QUESTION 1**

Identifier quatre accidents possibles dans la salle de bain ; répondre avec l'aide de l'annexe 1 p. 5.

■ **QUESTION 2**

Énoncer quatre mesures de prévention des accidents domestiques à mettre en œuvre dans la salle de bain avant de donner le bain à Matthieu.

CORRIGÉS

LES BESOINS DES ENFANTS

Besoin d'hygiène	Soin d'hygiène proposé	Confort lié à ce soin	Sécurité liée à ce soin	Communication liée à ce soin
	→ Change → Toilette visage → Toilette des mains		→ Maintenir Zohra sur la table à langer → Éloigner les produits hors de portée lors du soin → Vérifier la température de l'eau → utiliser des produits adaptés aux nourrissons : hypoallergéniques	→ Expliquer chaque geste à Zohra → Faire les transmissions des soins effectués aux parents → Rassurer l'enfant
Besoin d'alimentation	**Activité proposée**	**Confort lié à cette activité**	**Sécurité liée à cette activité**	**Communication liée à cette activité**
	→ Repas du midi → Collation du matin → Collation de l'après-midi	→ Installer confortablement Zohra : chaise haute ou transat → Utiliser un coussin d'assise si besoin → Limiter la durée de la position assise ; environ 30 minutes	→ Attacher Zohra pour éviter les chutes → Vérifier la température du repas → Vérifier la consistance adaptée des aliments	

CONTRIBUTION AU DEVELOPPEMENT ET À LA SOCIALISATION DE L'ENFANT

QUESTION 1

a. *Activité proposée*

Exemples possibles : peinture au doigt, au coton tige, à l'éponge / collage de gommettes / modelage / comptines, chanson / lecture de contes, etc.

b. *Objectifs visés*

- Découvertes.
- Manipulation.
- Expression, etc.

c. *Tâches réalisées par Matthieu*

- Collage.
- Peinture.
- Choix des couleurs.
- Choix des matériaux.
- Rangement.

d. *Tâches réalisées par l'assistante maternelle*

- Préparation du matériel.
- Modèle de réalisation.
- Aménagement de l'espace.
- Participer.
- Motiver.
- Informer et stimuler lors de l'activité.
- Rangement.
- Tâches techniques.
- Gabarit.
- Découpage.

QUESTION 2

a. *Situations au cours desquelles vous pouvez stimuler la communication orale de Zohra*

- Communiquer dans les actes de la vie quotidienne avec Zohra.
- Chansons, comptines.
- Nommer les objets utilisés, les parties du corps lors de la toilette, du change.
- Répondre aux expressions de Zohra lorsqu'elle communique avec l'assistante maternelle.

b. *Justifications*

- Permettre à Zohra d'apprendre et de mémoriser des mots.
- Stimuler Zohra et lui donner l'envie de communiquer.
- Stimuler l'écoute, l'attention nécessaire à l'apprentissage du langage.

SCIENCES MÉDICO-SOCIALES

QUESTION 1

Quatre phases de l'évolution d'une maladie infectieuse

- Phase *d'incubation* : les symptômes de la maladie ne sont pas encore apparents.
- Phase *d'invasion* : apparition des premiers symptômes de la maladie.
- Phase *d'état* : apparition des symptômes caractéristiques de la maladie.
- Phase de *convalescence* et de *terminaison* : disparition des symptômes de la maladie et guérison.

QUESTION 2

a. *Deux manifestations de la varicelle*
- Éruption cutanée en 3 phases (macules – vésicules – croûtes).
- Prurit ou démangeaison ou fièvre légère.

b. *Deux conduites à tenir*
- Empêcher l'enfant de se gratter en lui enfilant des moufles, en coupant ses ongles, etc.
- Faire baisser la fièvre avec des médicaments, un habillage léger, etc.

c. *Deux moyens de prévention*
- Éviction scolaire.
- Sécher les éruptions cutanées avec un traitement adapté qui facilite la cicatrisation.
- Utiliser un médicament pour limiter les démangeaisons.

QUESTION 3

Matthieu est suivi par la PMI
- PMI : Protection Maternelle Infantile.
- Collectivité territoriale de rattachement : le département, le Conseil général.

QUESTION 4

Intérêts du carnet de santé
- Constituer un dossier individuel permettant le suivi médical de l'enfant.
- Connaître les traitements en cours.
- Justifier des vaccinations (pour entrée en structures collectives).
- Chaque médecin, ou intervenant auprès de l'enfant, peut consulter immédiatement l'histoire médicale de l'enfant.

BIOLOGIE GÉNÉRALE ET APPLIQUÉE

QUESTION 1

Voies de pénétration des micro-organismes
- Voie respiratoire.
- Voie cutanée.
- Voie sanguine.
- Voie digestive.
- Voie génitale.

QUESTION 2

Schéma complété

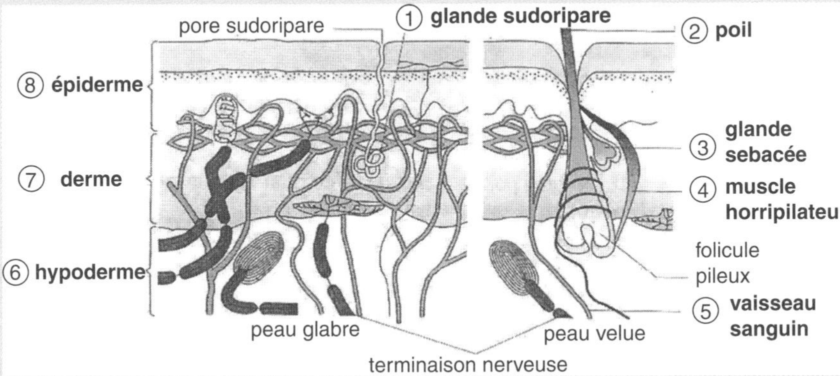

QUESTION 3

Fonctions de la peau

- Thermorégulation.
- Synthèse.
- Élimination.
- Information sensorielle.
- Sécrétion.
- Protection.

NUTRITION-ALIMENTATION

QUESTION 1

Tableau complété

Menu	Groupes alimentaires	Constituant alimentaire principal
Carottes râpées	Végétaux frais	Vitamines, fibres, eau
Blanc de poulet grillé	**Viande, poisson, œufs**	**Protides**
Haricots verts	Végétaux frais	Vitamines, fibres, eau
Noisette de beurre	**Corps gras**	Lipides
Tranche de pain	**Féculents**	**Glucides complexes**
Yaourt aux fruits	Produits laitiers	**Calcium**

QUESTION 2

Intérêt nutritionnel des produits laitiers pour les jeunes enfants

- Indispensables à la croissance.
- Solidité des os.
- Participent à l'entretien, au renouvellement, à la réparation des cellules.

QUESTION 3

Menu adapté

Exemple de menu : purée de légumes (carottes, haricots verts) et pommes de terre, 1/2 yaourt sans morceau.

■ **QUESTION 4**

Justification de la texture des préparations servies à Zohra

La texture évolue avec l'âge de l'enfant ; Zohra n'est pas encore capable de mastiquer les aliments (peu ou pas de dents) ; les préparations seront mixées, ne contiendront pas de morceaux.

TECHNOLOGIE

■ **QUESTION 1**

Accidents possibles dans la salle de bain (Annexe 1 p. 5)

- Risque électrique : sèche-cheveux, radiateur, poste radio.
- Eau sur le sol : risque de chute.
- Produits dangereux : ingestion, intoxication.
- Objets coupants : ciseaux, etc.
- Noyade, brûlure : (T°).

■ **QUESTION 2**

Mesures de prévention des accidents domestiques à mettre en œuvre dans la salle de bain avant de donner le bain à Matthieu

- Prévoir tout le matériel nécessaire pour la toilette à portée.
- Disposer un tapis antidérapant dans le fond de la baignoire.
- Vérifier la température de l'eau avec un thermomètre.
- Rendre inaccessible tout ce qui présente un danger pour l'enfant (ciseaux, médicaments, etc.)
- Prévoir un tapis de sortie de bain.
- Protéger la robinetterie.
- Maintenir les appareils électriques éloignés des postes d'eau.
- Informer l'enfant des risques, etc.

SUJET 2 Partie pratique

60 POINTS. DURÉE : 45 MINUTES

CONTEXTE PROFESSIONNEL POUR L'ÉVALUATION DE L'EP1 PARTIE PRATIQUE

Vous êtes assistante maternelle agréée et vous accueillez, du lundi au vendredi de 8 h 30 à 18 h 30, 3 enfants : Mélodie 1 an, Philippe 1 an et demi et Marc 2 ans et demi.
Vous habitez dans un appartement en rez-de-chaussée, type F4 proche d'un parc.
Par une belle journée ensoleillée du mois d'avril, vous décidez de vous rendre au parc avec les 3 enfants après leur sieste.
Sur le chemin du retour, Mélodie et Philippe sont dans la poussette double, et vous tenez Marc par la main ; tout à coup, celui-ci tombe et se met à pleurer, il s'est écorché la main droite.

Vous constatez que Philippe est grincheux et qu'il a les joues rouges.

Réalisez les actions cochées par le jury et organisez votre travail en fonction de la situation.

Vous réinstallerez le (ou les) enfant(s) selon le contexte et le matériel à disposition, après l'activité.

QUESTIONS

QUESTION 1[1]

☐ Effectuer le change de Philippe.

☐ Effectuer la toilette des mains et du visage de Marc.

QUESTION 2[2]

☐ Agir face à la plaie de Marc.

☐ Prendre la température de Philippe et agir en conséquence (le thermomètre affiche 38,5° C).

L'évaluation portera sur :

- l'identification des besoins de l'enfant dans la situation ;
- une organisation correcte dans le temps et dans l'espace ;
- le respect des règles d'hygiène, de confort, de sécurité ;
- la maîtrise des techniques ;
- le respect des règles d'ergonomie et d'économie ;
- le contrôle qualité du travail réalisé.

CORRIGÉS

ÉNONCÉ DE LA SITUATION

QUESTION 1

L'assistante maternelle doit :

- effectuer le change de Philippe ;
- effectuer la toilette des mains et du visage de Marc.

QUESTION 2

L'assistante maternelle doit :

- agir face à la plaie de Marc ;
- prendre la température de Philippe et agir en conséquence (le thermomètre affiche 38,5° C).

1 Pour chaque technique, le jury cochera l'activité à réaliser par le candidat.

2 Pour chaque technique, le jury cochera l'activité à réaliser par le candidat.

CONDITIONS DE TRAVAIL

- Matériels, produits, jouets, etc., sont à votre disposition dans la salle où vous travaillez.
- Une justification orale des techniques et une évaluation du travail seront demandées.

CRITÈRES D'ÉVALUATION

L'évaluation portera sur :

- l'identification des besoins de l'enfant dans la situation ;
- une organisation correcte dans le temps et dans l'espace ;
- le respect des règles d'hygiène, de confort, de sécurité ;
- la maîtrise des techniques ;
- le respect des règles d'ergonomie et d'économie ;
- le contrôle qualité du travail réalisé.

CORRIGÉ COMPLET

QUESTION 1

Effectuer le change et surveiller la température

Objectif

Assurer l'hygiène du siège et le bien-être de l'enfant chaque fois que nécessaire.

Procédure : change de l'enfant

Matériel/Produits	Actions	Précautions
– Savon liquide (ou SHA)	– Se laver les mains (ou SHA)	– Alterner lavage des mains et des frictions avec la SHA
– Nettoyant	– Nettoyer la table de change	
– Table de change	– Sortir le matériel nécessaire	
– Coussin de change	– Mettre l'enfant sur le coussin de change	– Annoncer le soin à l'enfant – Agir avec tact et douceur
– Sac à linge sale	– Ôter les couches sales – Ôter l'excédent de selles avec du papier toilette	– Replier délicatement la partie des couches qui contient les selles
– Gant de toilette	– Savonner le gant de toilette	
– Papier toilette – Savon liquide (enfant) – Poubelle	– Nettoyer le siège dans l'ordre suivant : • *le bas du ventre* • *les plis des cuisses* • *les cuisses (dessus/dessous)* • *les organes génitaux* • *les fesses* – Bien le rincer (dans le même ordre) à 2 reprises	– Nettoyer le siège en allant *du plus propre au plus sale* – Pour une fille : écarter délicatement les organes génitaux externes et *nettoyer du méat à l'anus sans revenir en arrière* – Rincer et essuyer minutieusement pour éviter toute trace de savon ou d'eau (facteurs d'irritations)
– Serviette de bain	– Essuyer en insistant dans les plis	– Essuyer en tapotant pour éviter l'irritation de la peau
– Couche propre	– Mettre la couche à l'enfant	– Ne jamais laisser l'enfant sur la table de change
– Thermomètre	– Prendre la température à l'enfant.	
– Jouet (selon le cas)	– Communiquer avec l'enfant	– Rassurer l'enfant.
– Nettoyant désinfectant + avette	– Nettoyer et désinfecter le matériel – Ranger le matériel	
– Savon liquide	– Se laver les mains	
– Cahier de transmissions	– Faire les transmissions des parents (selles, températures)	– Respecter les règles d'hygiène pour les mains.

Effectuer la toilette du visage et des mains

Objectifs

- Assurer l'hygiène et le confort de l'enfant au cours de la journée.
- Stimuler l'autonomie de l'enfant lors des soins (ici, l'enfant a 2 ans).

Procédure : la toilette du visage et des mains

Matériel/Produits	Actions	Précautions
– 1er gant de toilette	Aider l'enfant à :	– Annoncer le soin à l'enfant
– Savon liquide (enfant)	– prendre le gant de toilette – rincer le gant à l'eau claire – nettoyer ensuite le visage : • *le coin des yeux* • *les tempes et les joues* • *le menton, la bouche* • *le nez*	– Ne pas utiliser de savon (sauf si l'enfant est très sale) – Nettoyer en allant *du plus propre au plus sale*
– 1re serviette de toilette	– Essuyer le visage en tapotant	– Agir avec des gestes doux
– 2e gant de toilette	– Nettoyer ensuite les mains de l'enfant (insister entre les doigts) – Bien rincer	– Parler souvent à l'enfant ; lui expliquer le soin : • échanges affectifs
– 2e serviette de toilette	– Essuyer correctement	• éducation sanitaire

Règles d'hygiène

- Nettoyer d'abord le visage, ensuite les mains (aller du moins sale vers le plus sale).
- Distinguer les gants et les serviettes de toilette en fonction de leur usage (visage/mains).

QUESTION 2

Realiser les soins de la plaie de marc

- Rassurer l'enfant qui s'est écorché la main.
- Passer sa main sous l'eau froide.
- Essuyer sa main (bien surveiller).
- Transmettre l'information à la responsable et aux parents.

Prendre la température de Philippe

Objectifs

- Noter et surveiller la température de l'enfant.
- Informer les parents sur l'état de l'enfant.

Matériel/Produits	Actions	Précautions
– Savon liquide ou SHA	– Se laver les mains ou utiliser la SHA	– Annoncer le soin – Expliquer l'intérêt de l'enfant (le rassurer) – Installer correctement l'enfant
– Thermomètre électronique (désinfecté)	– Mettre l'embout sous les aisselles – Serrer le bras contre le thorax – Respecter le temps nécessaire pour la lecture (1 minute) – Noter la température sur un cahier	– Préciser « **température axillaire** »
– savon + coton	– Nettoyer le thermomètre	– Rassurer l'enfant
– Étui	– Ranger le thermomètre	– Respecter scrupuleusement l'hygiène des mains et l'hygiène du matériel
– Cahier de transmissions (ou de liaison)	– Effectuer les transmissions aux parents **(température)** – Surveiller la température	

Remarque : l'enfant a 38,5° C.

Les méthodes de rafraîchissement sont recommandées dans les cas d'hyperthermie (boissons fraîches mais pas glacées, voire vessie de glace ou autre méthode).

L'assistante maternelle doit connaître :

- les méthodes préconisées (selon avis du médecin) ;
- les avantages et les risques de ces méthodes ;
- les limites de sa mission dans le cadre de ces soins.

Généralement, le médecin a prescrit un médicament pour baisser la température.

SUJET 3 Partie pratique

60 POINTS. DURÉE : 45 MINUTES

CONTEXTE PROFESSIONNEL POUR L'ÉVALUATION DE L'EP1 PARTIE PRATIQUE

Vous êtes assistante maternelle indépendante et vous avez un agrément pour 2 enfants. Vous êtes maman d'un enfant, Maxime, 6 ans, il est en CP. Vous avez dû traiter Maxime suite à une épidémie de pédiculose à l'école.

Vous accueillez dans votre appartement, du lundi au vendredi sur une amplitude de 8 h à 18 h : Alex, 4 mois, et Amandine, 3 ans.
Après son arrivée, Alex vomit son biberon et souille ses vêtements. Il est 11 h 45, Amandine a terminé son activité peinture, elle va bientôt passer à table. Au moment du repas, elle se brûle l'index droit en le posant sur un plat chaud.
Tout au long de la journée, vous constatez qu'Amandine se gratte fréquemment la tête.

Organisez vos actions en fonction de la situation et des activités cochées par le jury. Vous réinstallerez l'enfant selon le contexte et le matériel à disposition après l'activité.

Questions

Vous devez :

QUESTION 1[3]

☐ Effectuer le change des vêtements d'Alex.
☐ Effectuer le bain d'Alex.
☐ Aider Amandine lors de son lavage des mains et du visage, en vue du repas.

QUESTION 2[4]

☐ Prendre la température d'Alex (37,8° C) et agir en conséquence.
☐ Rechercher les signes de pédiculose chez Amandine et transmettre les observations.
☐ Agir devant la brûlure d'Amandine.

L'évaluation portera sur :

- l'identification des besoins de l'enfant dans la situation ;
- une organisation correcte dans le temps et dans l'espace ;
- le respect des règles d'hygiène de confort, de sécurité ;
- la maîtrise des techniques ;
- le respect des règles d'ergonomie et d'économie ;
- le contrôle qualité du travail réalisé.

CORRIGÉS

ÉNONCÉ DE LA SITUATION

QUESTION 1

L'assistante maternelle doit :

- effectuer le change des vêtements d'Alex ;
- effectuer le bain d'Alex ;
- aider Amandine lors de son lavage des mains et du visage, en vue du repas.

3 Pour chaque technique, le jury cochera l'activité à réaliser par le candidat.
4 Pour chaque technique, le jury cochera l'activité à réaliser par le candidat.

QUESTION 2

L'assistante maternelle doit :

- prendre la température d'Alex (37,8° C) et agir en conséquence ;
- rechercher les signes de pédiculose chez Amandine et transmettre les observations ;
- agir devant la brûlure d'Amandine.

CONDITIONS DE TRAVAIL

- Matériels, produits, jouets, etc., sont à votre disposition dans la salle où vous travaillez.
- Une justification orale des techniques et une évaluation du travail seront demandées.

CRITÈRES D'ÉVALUATION

L'évaluation portera sur :

- l'identification des besoins de l'enfant dans la situation ;
- une organisation correcte dans le temps et dans l'espace ;
- le respect des règles d'hygiène, de confort, de sécurité ;
- la maîtrise des techniques ;
- le respect des règles d'ergonomie et d'économie ;
- le contrôle qualité du travail réalisé.

CORRIGÉ COMPLET

QUESTION 1

Effectuer le change des vêtements et le bain d'Alex.

Objectif :

Le change et le bain permettent l'hygiène (*Alex a vomi*) et le confort de l'enfant.

Procédure : le bain

Matériel/Produits	Actions	Précautions
– Savon liquide (ou SHA) – Nettoyant-désinfectant + lavette	– Se laver les mains (ou utiliser la SHA) – Nettoyer la baignoire – Sortir tout le matériel	– Annoncer le soin à l'enfant – Vérifier la température de la pièce
– Thermomètre de bain – Sac à linge sale – Papier toilette	– Faire couler le bain et vérifier la température de l'eau – Déshabiller l'enfant – Procéder à un nettoyage préalable du siège (s'il est souillé)	– Prévoir une eau à 37 °C – Proposer un jouet à l'enfant
– Savon doux – Gant de toilette – Jouet de bain	– Savonner l'enfant dans l'ordre suivant : • *le pli du cou et les aisselles* • *les bras et les mains* • *le thorax et l'abdomen* • *le dos* • *les jambes et les pieds* • *les organes génitaux* • *les fesses* – Porter l'enfant dans le bain, le maintenir au niveau de l'aisselle et tenir les fesses de l'autre main – Immerger l'enfant dans le bain – Le maintenir quelques minutes dans l'eau du bain et le sortir	– Agir délicatement en parlant à l'enfant – Insister dans les plis (bras, cuisses, etc.) – Écarter les organes génitaux et les *nettoyer d'avant vers l'arrière* – Tenir le bébé très fermement (attention aux mains savonnées qui glissent) – L'immerger très lentement
– Drap de bain – Vêtements	– Essuyer l'enfant – Le maintenir dans le drap de bain en vue du shampoing ou le rhabiller – Faire les soins annexés au bain (selon la demande) : soins du visage, oreilles, etc.	– Essuyer par tapotement en insistant dans les plis – Vérifier la température d'Alex
– Cahier des transmissions (ou de liaison)	– Faire les transmissions	

Cas particulier : le shampoing

L'assistante maternelle peut décider de :

- ne pas faire de shampoing (selon la propreté des cheveux) ;
- réaliser le shampoing dans l'eau du bain ;
- faire le shampoing hors du bain (mettre l'enfant sur la baignoire, bien le maintenir).

Procédure : le shampoing

Matériel/Produits	Actions	Précautions
– Shampoing doux – Drap de bain – Vêtements propres – Sèche-cheveux – Brosse ou peigne	– Regrouper le matériel – Procéder au shampoing sur la table de change[a] – Mettre le shampoing (une noisette) sur les cheveux – Faire mousser – Bien rincer ++ – Ramener l'enfant sur le coussin de change – Essuyer délicatement les cheveux – Rhabiller l'enfant – Sécher les cheveux – Les brosser (ou les coiffer)	– Se laver les mains (ou SHA) – Annoncer le soin à l'enfant – Veiller à ouvrir préalablement le shampoing (gain de temps, sécurité) – Tenir correctement l'enfant – Éviter les projections de shampoing dans les yeux – Essuyer délicatement (sans tirer sur les cheveux) – Rhabiller l'enfant avant de lui sécher les cheveux (pour éviter qu'il ne prenne froid)

a Ici, choix de la méthode shampoing « hors du bain »

Effectuer la toilette du visage et des mains d'Amandine

Objectifs

- Assurer l'hygiène et le confort de l'enfant.
- Stimuler l'autonomie de l'enfant lors des soins.

Procédure : la toilette du visage et des mains

Matériel/Produits	Actions	Précautions
– 1er gant de toilette – Savon liquide ou SHA – 1re serviette de toilette – 2e gant de toilette – 2e serviette de toilette	Aider l'enfant à : – prendre le gant de toilette – rincer le gant à l'eau claire – nettoyer ensuite le visage dans l'ordre : • *le coin des yeux* • *les tempes et les joues* • *le menton, la bouche* • *le nez* – Essuyer le visage en tapotant – Nettoyer ensuite les mains de l'enfant (insister entre les doigts) – Bien rincer à l'eau claire – Essuyer correctement	– Annoncer le soin à l'enfant. – Ne pas utiliser de savon (sauf si l'enfant est très sale). – Nettoyer en allant du *plus propre au plus sale.* – Agir avec des gestes doux – Parler souvent à l'enfant ; lui expliquer le soin : • échanges affectifs • éducation sanitaire (*stimuler l'autonomie*)

Règles d'hygiène

- Nettoyer d'abord le visage, ensuite les mains (*aller du moins sale vers le plus sale*).
- Distinguer les gants et les serviettes de toilette en fonction de leur usage (*visage/mains*).

QUESTION 2

Prendre la température d'Alex

Actuellement la température est de 37,8° C. Dans ce cas, il est conseillé d'utiliser des méthodes physiques : déshabiller l'enfant (le laisser en body), le faire boire (froid mais pas glacé), ne pas trop chauffer le local et ne garder que le drap.

L'assistante maternelle doit surveiller la température, rassurer l'enfant, l'apaiser et transmettre aux parents.

Conduite à tenir pour la brûlure d'Amandine

Dans cette situation, l'assistante maternelle a constaté que la brûlure est très superficielle. Elle doit en conséquence :

- rassurer l'enfant ;
- passer la main sous l'eau froide et sécher délicatement ;
- surveiller l'état de son doigt au cours de la journée ;
- transmettre l'information aux parents.

Remarque : s'il y avait une aggravation, l'assistante maternelle doit savoir évaluer le degré de brûlure et adopter le comportement adéquat en vue des soins.

Procédure : adopter un comportement adéquat en fonction du degré de la brûlure d'Amandine

Signes (1er et 2e degrés)	Matériel/Produits	Actions	Précautions
1er degré : rougeur de la peau (*érythème*)	– Bassine d'eau froide ou contenant des glaçons – Eau courante – Compresses stériles – Linge stérile et sec	– Afin de diminuer la douleur : • immerger le membre dans l'eau froide • sécher en tamponnant – Faire les transmissions	– Rassurer +++ l'enfant – Ne pas appuyer sur les parties brûlées – Laisser couler l'eau froide lentement sur la partie brûlée ou appliquer des compresses d'eau froide – Observer les réactions de l'enfant
2e degré : cloque (*phlyctène*)	Voir le médecin		

La pédiculose d'Amandine

Procédure : la lutte contre la pédiculose

Matériel	Procédure	Précautions
– Savon liquide – SHA	*Préparation* – Se laver les mains (ou SHA)	– Rassurer l'enfant et lui expliquer le soin
– Lotion anti-poux (parfois sous forme d'aérosol) – Shampoing usuel – Serviette de toilette – Peigne fin – Ciseaux	*Action* – Appliquer la lotion sur les cheveux de l'enfant – Laisser agir le temps indiqué (10 min environ selon le produit) – Faire le shampoing usuel de l'enfant – Coiffer l'enfant au peigne fin pour éliminer les lentes – Sécher les cheveux – Se laver les mains, couper les ongles de l'enfant – Désinfecter son matériel (l'opération sera renouvelée 8 jours après) – Respecter **l'hygiène rigoureuse de l'environnement** : les chapeaux, les écharpes, les bonnets, etc., tout le linge de l'enfant et (si besoin) la literie.	– **Lire l'étiquette du produit avant l'utilisation** – Surveiller les réactions locales (ex. : risque d'allergie)
– Cahier de transmissions (ou de liaison)	*Transmissions* Noter les éléments de son observation sur : – *l'enfant lui-même* : son cuir chevelu – *les autres enfants* : indiquer s'il y a ou non la présence de parasites chez d'autres enfants ; – l'environnement (prévention) : veiller à ce qui a été désinfecté (linge, jouets, brosses à cheveux, etc.)	– Veiller à réaliser les transmissions à la famille

Mesure de sécurité : lire l'étiquette d'un produit anti-poux

- **Composition** : Perméthrine 0,5 %, Malathion 0,25 %, Butoxyde de pipéronyle 2 %.
- **Indication** : traitement curatif des pédiculoses humaines.
- **Contre-indication** : enfant de moins de 24 mois.

- **Mode d'emploi** : pulvériser jusqu'à imprégnation complète de la chevelure. Laisser agir 10 minutes. Rincer et passer le peigne fin.
- **Précautions d'emploi** : pulvériser dans un endroit aéré et loin de toute flamme. Éviter tout contact avec les yeux et les muqueuses. Ne pas avaler. Ne pas laisser à la portée des enfants.

SUJET 4 Partie pratique

60 POINTS. DURÉE : 45 MINUTES.

CONTEXTE PROFESSIONNEL POUR L'ÉVALUATION DE L'EP1 – PARTIE PRATIQUE

Vous êtes assistante maternelle agréée rattachée à une crèche familiale de votre commune.
Vous accueillez Léo (21 mois) et sa petite sœur Tina (5 mois) du lundi au vendredi, sur une amplitude horaire de 9h à 18h.
Depuis 2 jours, vous accueillez également Maxime, âgé de 2 ans et demi, sur une amplitude horaire de 8h à 13h, du lundi au vendredi.
Aujourd'hui, il est 10h30. Léo et Maxime terminent une activité peinture. Les deux jeunes garçons se sont salis lors de l'activité. Au cours de l'activité, Maxime se coupe l'index gauche avec une feuille de papier.
Tina pleure. En allant la chercher, vous constatez qu'elle a uriné dans sa couche. Elle semble fiévreuse.
Après avoir réalisé le change, vous constatez que Léo saigne du nez.

Organisez vos actions en fonction de la situation et les activités cochées par le jury. Vous réinstallerez l'enfant, selon le contexte et le matériel à disposition, après l'activité.

QUESTIONS

Vous devez :

QUESTION 1[5]

☐ Effectuer la toilette du visage et des mains de Léo
☐ Effectuer le change de Tina
☐ Effectuer le change de vêtements de Maxime

QUESTION 2[6]

☐ Agir devant le saignement de nez de Léo

5 Pour chaque technique, le jury cochera l'activité à réaliser par le candidat.
6 Pour chaque technique, le jury cochera l'activité à réaliser par le candidat.

☐ Prendre la température axillaire de Tina (le thermomètre affiche 38,2° C), agir en conséquence
☐ Réaliser le soin de la plaie de Maxime

L'évaluation portera sur :

- l'identification des besoins de l'enfant dans la situation ;
- une organisation correcte dans le temps et dans l'espace ;
- le respect des règles d'hygiène, de confort, de sécurité ;
- la maîtrise des techniques ;
- le respect des règles d'ergonomie et d'économie ;
- le contrôle qualité du travail réalisé.

CORRIGÉS

ÉNONCÉ DE LA SITUATION

QUESTION 1

L'assistante maternelle doit :

- effectuer la toilette du visage et des mains de Léo ;
- effectuer le change de Tina ;
- effectuer le change de vêtements de Maxime.

QUESTION 2

L'assistante maternelle doit :

- agir devant le saignement de nez de Léo ;
- prendre la température axillaire de Tina (le thermomètre affiche 38,2° C), agir en conséquence ;
- réaliser le soin de la plaie de Maxime.

CONDITIONS DE TRAVAIL

- Matériels, produits, jouets, etc., sont à votre disposition dans la salle où vous travaillez.
- Une justification orale des techniques et une évaluation du travail seront demandées.

CRITÈRES D'ÉVALUATION

L'évaluation portera sur :

- l'identification des besoins de l'enfant dans la situation ;
- une organisation correcte dans le temps et dans l'espace ;
- le respect des règles d'hygiène, de confort, de sécurité ;
- la maîtrise des techniques ;
- le respect des règles d'ergonomie et d'économie ;
- le contrôle qualité du travail réalisé.

CORRIGÉ COMPLET

QUESTION 1

Effectuer la toilette du visage et des mains de Léo

Objectifs

- Assurer l'hygiène et le confort de l'enfant.
- Stimuler l'autonomie de l'enfant lors des soins (Léo a 21 mois).

Procédure : la toilette du visage et des mains

Matériel/Produits	Actions	Précautions
– 1er gant de toilette – Savon liquide (enfant) ou SHA	Aider l'enfant à : – prendre le gant de toilette – rincer le gant à l'eau claire – nettoyer ensuite le visage dans l'ordre suivant : • *le coin des yeux* • *le front* • *les tempes et les joues* • *le menton, la bouche* • *le nez*	– Annoncer le soin à l'enfant – Ne pas utiliser de savon (sauf si l'enfant est très sale) – Nettoyer en allant du *plus propre au plus sale*
– 1re serviette de toilette	– Essuyer le visage en tapotant	
– 2e gant de toilette	– Nettoyer ensuite les mains de l'enfant (insister entre les doigts)	– Agir avec des gestes doux – Parler souvent à l'enfant ; lui expliquer le soin : • échanges affectifs • éducation sanitaire (*stimuler l'autonomie*)
– 2e serviette de toilette	– Bien rincer à l'eau claire – Essuyer correctement	
– Cahier des transmissions (ou de liaison)	– Faire les transmissions	

Règles d'hygiène

- Nettoyer d'abord le visage, ensuite les mains (aller du moins sale vers le plus sale).
- Distinguer les gants et les serviettes de toilette en fonction de leur usage (visage/mains).

Effectuer le change de Tina et surveiller sa température

Objectif

Assurer l'hygiène du siège et le bien-être de l'enfant chaque fois que nécessaire.

Procédure : le change de l'enfant

Matériel/Produits	Actions	Précautions
– Savon liquide (ou SHA)	– Se laver les mains ou utiliser la SHA	– Annoncer le soin à l'enfant
– Nettoyant pour le matériel	– Nettoyer la table de change	
– Table de change	– Sortir le matériel nécessaire	– Agir avec tact et douceur
– Coussin de change – Sac à linge sale – Gant de toilette – Papier toilette – Savon liquide (enfant)	– Mettre l'enfant sur le coussin de change – Ôter les couches sales – Ôter l'excédent de selles avec du papier toilette	
– Poubelle	– Savonner le gant de toilette – Nettoyer le siège dans l'ordre suivant : • *le bas du ventre* • *les plis des cuisses* • *les cuisses (dessus/dessous)* • *les organes génitaux* • *les fesses*	– Nettoyer le siège en allant *du plus propre au plus sale* – Pour une fille, écarter délicatement les organes génitaux externes et nettoyer *du haut vers le bas* sans revenir en arrière
– Serviette de bain	– Bien le rincer (dans le même ordre) à 2 reprises	– Rincer et essuyer minutieusement pour éviter toute trace de savon ou d'eau (facteurs d'irritation)
– Couche propre	– Essuyer en insistant sur les plis – Mettre la couche à l'enfant	– Essuyer en tapotant – Ne jamais laisser l'enfant sur la table de change
– Thermomètre	– Prendre la température à l'enfant	– Surveiller la température (alerter si *hyperthermie*)
– Jouet (selon le cas)	– Communiquer avec l'enfant	– Le rassurer
– Nettoyant + lavette	– Nettoyer le thermomètre et le matériel – Ranger le matériel	
– Savon liquide	– Se laver les mains	– Veiller à l'hygiène des mains +++
– Cahier des transmissions (ou de liaison)	– Faire les transmissions aux parents (températures, selles, etc.)	

■ **QUESTION 2**

Agir devant le saignement de nez de Léo

Objectif

Évaluer l'étendue, le degré et la cause et adopter la conduite à tenir en vue des soins.

Procédure : le saignement de nez

Moyens	Actions	Précautions
– Mouchoirs (en tissu ou jetable)	– Faire pencher la tête en avant – Recueillir le sang sur le mouchoir	– Consoler l'enfant (anxiété ++ face à la perte de son sang) – Faire recracher le sang : l'enfant ne doit pas déglutir son sang (risque de vomissement)
– Tampons hémostatiques (si possible résorbables)[a]	– Comprimer la narine en pinçant le nez pendant 2 à 5 minutes afin que le sang puisse coaguler – Introduire un tampon hémostatique dans la narine si le saignement continue *(respecter les consignes)* – Persister pendant une heure minimum *(respecter les consignes)*	– Suggérer à l'enfant de respirer par la bouche. – Éviter que l'enfant ne se mouche ou ne se gratte les narines même si le caillot le gêne – Consulter les secours (SAMU) si le saignement ne s'arrête pas
– Cahier des transmissions (ou de liaison)	– Faire les transmissions aux parents	– Rassurer l'enfant +++

a Hémostatique : qui stoppe le saignement (produit à pouvoir coagulant).

Prendre la température axillaire de Tina (38,2 °C)

Objectif

Vérifier la température afin d'évaluer l'hyperthermie et la signaler rapidement.

Procédure : la prise de la température axillaire

Moyens	Actions	Précautions
– Savon liquide (ou SHA) – Thermomètre électronique (désinfecté)	– Se laver les mains ou utiliser la SHA – Mettre l'embout sous les aisselles – Serrer le bras contre le thorax – Respecter le temps nécessaire pour la lecture (1 min)	– Annoncer le soin – Expliquer l'intérêt de l'enfant (le rassurer) – Installer correctement l'enfant
– Cahier de transmissions	– Noter la température sur un cahier	– Préciser « **température axillaire** »
– Savon + coton – Étui	– Nettoyer le thermomètre – Ranger le thermomètre	– Rassurer l'enfant – Respecter scrupuleusement l'hygiène des mains et l'hygiène du matériel
– Cahier des transmissions (ou de liaison)	– Effectuer les transmissions aux parents (température)	– Surveiller la température (alerter si besoin)

Réaliser le soin de la plaie de Maxime

Objectif

Observer une plaie, c'est observer :

- l'aspect de la plaie :
  - est-elle superficielle ou profonde ?
  - saigne-t-elle beaucoup ?
- la localisation.

Ici, Maxime s'est coupé avec une feuille. Donc la plaie est superficielle.

Procédure : les soins pour petite plaie superficielle

Moyens	Actions	Précautions
– Produit désinfectant : eau oxygénée ou Chlorehexidine (pour les muqueuses) – Compresses stériles – Sparadrap anti-allergique – Bande de gaze	– Se laver les mains ou utiliser la SHA – Nettoyer la plaie à l'eau et au savon – La désinfecter (avec un produit désinfectant déposé sur une compresse) – Recouvrir la plaie de compresses – Faire un pansement adhésif – Surveiller les signes d'infection : *rougeur, douleur, gonflement (œdème), chaleur*	– Aller du ***plus propre au plus sale*** – De préférence ne pas utiliser d'alcool (sensation de brûlure) et ne pas utiliser de colorant car il peut cacher l'évolution de la plaie – Fixer les compresses par du sparadrap ou par une bande – *Le pansement adhésif :* • *protège contre les risques de souillure* • *doit être changé fréquemment*
– Cahier des transmissions (ou de liaison)	– Faire les transmissions aux parents	– Alerter très vite en cas de complications

SUJET 5 Partie pratique

60 POINTS. DURÉE : 45 MINUTES.

CONTEXTE PROFESSIONNEL POUR L'ÉVALUATION DE L'EP1 – PARTIE PRATIQUE

Vous êtes assistante maternelle et vous dépendez de la crèche familiale de votre commune.
Vous accueillez à votre domicile de 8h30 à 18h, du lundi au vendredi, deux enfants : Antoine âgé de 6 mois, et Léa âgée de 2 ans et demi.
Vous accueillez également Anissa, 4 ans et demi, tous les jours de la sortie de l'école jusqu'à l'arrivée de ses parents à 19h.
Cet après-midi, après le goûter des enfants, vous installez Anissa pour faire une activité collier de perles.
Au moment de changer Antoine, vous constatez qu'il présente des selles diarrhéiques et a les joues rouges.

Organisez vos actions en fonction de la situation et des activités cochées par le jury. Vous réinstallerez l'enfant, selon le contexte et le matériel à disposition, après l'activité.

Questions

Vous devez :

QUESTION 1[7]

☐ Effectuer le change d'Antoine
☐ Effectuer la toilette des mains et du visage de Léa après le goûter
☐ Changer les vêtements d'Anissa qui a uriné sur elle, après son « étouffement »

QUESTION 2[8]

☐ Effectuer le soin de la plaie de Léa qui a trébuché et s'est cognée légèrement la tête, elle saigne au niveau du front
☐ Agir face à la détresse respiratoire d'Anissa qui semble avoir inhalé une perle
☐ Prendre la température axillaire d'Antoine et agir en conséquence (37,5° C au thermomètre)

L'évaluation portera sur :

- l'identification des besoins de l'enfant dans la situation ;
- une organisation correcte dans le temps et dans l'espace ;
- le respect des règles d'hygiène, de confort, de sécurité ;
- la maîtrise des techniques ;
- le respect des règles d'ergonomie et d'économie ;
- le contrôle qualité du travail réalisé.

7 Pour chaque technique, le jury cochera l'activité à réaliser par le candidat.
8 Pour chaque technique, le jury cochera l'activité à réaliser par le candidat.

CORRIGÉS

ÉNONCÉ DE LA SITUATION

QUESTION 1

L'assistante maternelle doit :

- effectuer le change d'Antoine ;
- effectuer la toilette des mains et du visage de Léa après le goûter ;
- changer les vêtements d'Anissa qui a uriné sur elle, après son « étouffement ».

QUESTION 2

L'assistante maternelle doit :

- effectuer le soin de la plaie de Léa qui a trébuché et s'est cognée légèrement à la tête, elle saigne au niveau du front ;
- agir face à la détresse respiratoire d'Anissa qui semble avoir inhalé une perle ;
- prendre la température axillaire d'Antoine et agir en conséquence (37,5° C au thermomètre).

CONDITIONS DE TRAVAIL

- Matériels, produits, jouets, etc., sont à votre disposition dans la salle où vous travaillez.
- Une justification orale des techniques et une évaluation du travail seront demandées.

CRITÈRES D'ÉVALUATION

L'évaluation portera sur :

- l'identification des besoins de l'enfant dans la situation ;
- une organisation correcte dans le temps et dans l'espace ;
- le respect des règles d'hygiène, de confort, de sécurité ;
- la maîtrise des techniques ;
- le respect des règles d'ergonomie et d'économie ;
- le contrôle qualité du travail réalisé.

CORRIGÉ COMPLET

QUESTION 1

Effectuer le change d'Antoine

Objectif

Assurer l'hygiène de la peau et le confort de l'enfant, prévenir les érythèmes fessiers (*l'enfant a des selles liquides*).

Procédure : le change de l'enfant

Matériel/Produits	Actions	Précautions
– Savon liquide (ou SHA) – Nettoyant – Table de change – Coussin de change – Sac à linge sale – Gant de toilette – Papier toilette – Savon liquide (enfant) – Poubelle	– Se laver les mains ou utiliser la SHA – Nettoyer la table de change – Sortir le matériel nécessaire – Mettre l'enfant sur le coussin de change – Ôter les couches sales – Ôter l'excédent de selles avec du papier toilette – Savonner le gant de toilette – Nettoyer le siège dans l'ordre suivant : • *le bas du ventre* • *les plis des cuisses* • *les cuisses (dessus/dessous)* • *les organes génitaux* • *les fesses* – Bien le rincer (dans le même ordre) à 2 reprises	– Annoncer le soin à l'enfant – Agir avec tact et douceur – Replier délicatement la partie des couches – Nettoyer le siège en allant *du plus propre au plus sale* – Pour une fille, écarter délicatement les organes génitaux externes et nettoyer du haut vers le bas sans revenir en arrière
– Serviette de bain – Couche propre	– Essuyer en insistant sur les plis – Mettre la couche à l'enfant – Recoucher l'enfant	– Rincer et essuyer minutieusement – Essuyer en tapotant
– Nettoyant désinfectant + lavette – Savon liquide	– Nettoyer et désinfecter le matériel – Ranger le matériel – Se laver les mains – Faire les transmissions des parents (signaler l'état des selles en particulier)	– Ne jamais laisser l'enfant sur la table de change. – Veiller à l'hygiène des mains +++ (prévention) – Surveiller l'état des selles

Effectuer la toilette du visage et des mains de Léa

Objectifs

- Assurer l'hygiène et le confort de l'enfant après le goûter.
- Assurer l'hygiène de l'environnement (table pour le repas).
- Stimuler l'autonomie de l'enfant.

Procédure : la toilette du visage et des mains

Matériel/Produits	Actions	Précautions
– Savon liquide (SHA) – Nettoyant + lavette	– Préparer le matériel – Nettoyer la table du repas – Aller chercher l'enfant	– Se laver les mains (ou utiliser la SHA) avant de commencer la tâche – Avertir l'enfant préalablement des soins
– Gant de toilette + savon (si besoin) – Serviette pour visage	**1er temps** – Effectuer la toilette (sommaire) du visage : • *le coin des yeux* • *les joues* • *la bouche* • *le nez*	– Aller du *plus propre (le visage) au plus sale (les mains)* – Pour le visage : *aller du plus propre au plus sale (le nez)*
– Gant de toilette + savon – Serviette pour mains	**2e temps** – Laver les mains de l'enfant : • bien nettoyer dans les espaces digitaux • bien rincer à l'eau claire • sécher délicatement	– Parler souvent avec l'enfant, lui expliquer les soins : *action éducative* (chez le grand enfant)
– Cahier des transmissions (ou de liaison)	– Faire les transmissions (aux parents)	

Règles d'hygiène

- Nettoyer d'abord le visage, ensuite les mains (*aller du moins sale vers le plus sale*).
- Utiliser 2 gants et 2 serviettes de toilette (*une pour le visage et l'autre pour les mains*).

QUESTION 2

Effectuer la plaie de Léa

Léa saigne au niveau du front (*plaie superficielle*).

L'assistante maternelle doit :

- rassurer l'enfant (lui expliquer le soin qu'on va lui faire) ;
- se laver les mains (mettre des gants à usage unique) ;
- préparer le savon liquide, les compresses désinfectantes et les compresses stériles ;
- asseoir l'enfant sur une petite chaise et s'asseoir en face de lui ;
- nettoyer la plaie de l'enfant avec de l'eau et du savon ;
- essuyer la plaie avec des compresses stériles ;
- désinfecter la plaie avec les compresses désinfectantes (en allant de l'intérieur de la plaie vers l'extérieur) ;
- sécher la plaie avec une compresse stérile et mettre un pansement propre ;
- surveiller l'évolution de la plaie ;
- faire les transmissions aux parents.

Agir face à la détresse respiratoire d'Anissa

L'assistante maternelle doit respecter la procédure suivante ; elle doit :

- rassurer l'enfant ;
- donner l'alerte : pompiers (18), SAMU (15), appel d'un portable ;

- écouter les consignes de son interlocuteur et les appliquer :
  - décliner sa propre identité,
  - donner l'âge et le sexe de l'enfant,
  - indiquer le lieu précis et l'heure de l'accident,
  - expliquer comment s'est produit l'accident,
  - énumérer les premiers soins qui ont été donnés,
  - présenter l'état de l'enfant.

L'assistante maternelle doit connaître, dans l'urgence, la « *technique de Heimlich* ».

Technique de la « méthode de Heimlich » : enfant de plus de 1 an

Elle est utilisée après échec des 5 tapes dorsales entre les omoplates.

Le secouriste doit :

- se placer derrière l'enfant (assis ou debout pour le grand enfant) ;
- le plaquer contre sa poitrine, la tête sous son menton ;
- enserrer le tronc de l'enfant en passant les bras sous ses aisselles et repérer la base du sternum et l'ombilic ;
- mettre son poing droit fermé et oblique (pour un droitier) dans l'espace ainsi défini, le pouce contre la peau de l'*abdomen sus-ombilical* ;
- recouvrir avec sa main gauche le poing droit et exercer une brutale traction oblique en haut et en arrière *en faisant pénétrer son poing sous le thorax*.

Objectifs

- L'expulsion brutale de l'air pulmonaire permet le désenclavement du corps étranger, qui est projeté violemment hors de la bouche.
- Si l'enfant a expulsé la perle, le maintenir en sécurité, vérifier qu'il ne perde pas connaissance et qu'il ventile toujours correctement, puis prendre régulièrement son pouls en attendant les secours.

Prendre la température d'Antoine (37,5 °C)

Objectif

Évaluer la température, la surveiller (*alerter si hyperthermie*).

Procédure : prise de la température axillaire

Matériel/Produits	Actions	Précautions
– Savon liquide ou SHA – Thermomètre électronique (désinfecté)	– Se laver les mains ou utiliser la SHA – Mettre l'embout sous les aisselles – Serrer le bras contre le thorax – Respecter le temps nécessaire pour la lecture (1 min) – Noter la température sur un cahier	– Annoncer le soin – Expliquer l'intérêt de l'enfant (le rassurer) – Installer correctement l'enfant – Préciser « **température axillaire** »
– Savon + coton – Étui	– Nettoyer le thermomètre – Ranger le thermomètre	– Rassurer l'enfant – Respecter scrupuleusement l'hygiène des mains et l'hygiène du matériel
– Cahier des transmissions (ou de liaison)	– Effectuer les transmissions aux parents (température)	– Surveiller la température

SUJET 6 Partie pratique

60 POINTS. DURÉE : 45 MINUTES.

CONTEXTE PROFESSIONNEL POUR L'ÉVALUATION DE L'EP1 – PARTIE PRATIQUE

Vous êtes assistante maternelle agréée à domicile, vous accueillez tous les jours de la semaine du lundi au vendredi de 7h30 à 18h30, Sara, 10 mois, et Antoine, 2 ans et demi.
Ce matin, la maman de Sara vous informe qu'elle n'a pas eu le temps de l'habiller. En réalisant ce soin, vous remarquez une griffure sur son avant-bras gauche.
Durant la matinée, vous préparez un gâteau pour le goûter avec Antoine. Lors de cette activité, il se brûle légèrement l'index droit.

Organisez vos actions en fonction de la situation et des activités cochées par le jury.
Vous réinstallerez l'enfant, selon le contexte et le matériel à disposition, après l'activité.

Questions

Vous devez :

QUESTION 1[9]

- ☐ Habiller Sara avec les vêtements apportés par la maman
- ☐ Aider Antoine à se laver les mains et le visage avant le repas
- ☐ Réaliser le change de Sara puis l'installer pour la sieste du matin

QUESTION 2[10]

- ☐ Agir en conséquence face à la griffure de Sara
- ☐ Agir en conséquence face à la brûlure d'Antoine
- ☐ Au moment de passer à table, Antoine saigne du nez, agir en conséquence

L'évaluation portera sur :

- l'identification des besoins de l'enfant dans la situation ;
- une organisation correcte dans le temps et dans l'espace ;
- un respect des règles d'hygiène, de confort, de sécurité ;
- la maîtrise des techniques ;
- le respect des règles d'ergonomie et d'économie ;
- le contrôle qualité du travail réalisé.

9 Pour chaque technique, le jury cochera l'activité à réaliser par le candidat.
10 Pour chaque technique, le jury cochera l'activité à réaliser par le candidat.

CORRIGÉS

ÉNONCÉ DE LA SITUATION

QUESTION 1

L'assistante maternelle doit :

- habiller Sara avec les vêtements apportés par la maman ;
- aider Antoine à se laver les mains et le visage avant le repas ;
- réaliser le change de Sara puis l'installer pour la sieste du matin.

QUESTION 2

L'assistante maternelle doit :

- agir en conséquence face à la griffure de Sara ;
- agir en conséquence face à la brûlure d'Antoine ;
- agir en conséquence face au saignement de nez d'Antoine au moment de passer à table.

CONDITIONS DE TRAVAIL

- Matériels, produits, jouets, etc., sont à votre disposition dans la salle où vous travaillez.
- Une justification orale des techniques et une évaluation du travail seront demandées.

CRITÈRES D'ÉVALUATION

L'évaluation portera sur :

- l'identification des besoins de l'enfant dans la situation ;
- une organisation correcte dans le temps et dans l'espace ;
- le respect des règles d'hygiène, de confort, de sécurité ;
- la maîtrise des techniques ;
- le respect des règles d'ergonomie et d'économie ;
- le contrôle qualité du travail réalisé.

CORRIGÉ COMPLET

QUESTION 1

Effectuer la toilette du visage et des mains d'Antoine

Objectifs

- Assurer l'hygiène et le confort de l'enfant avant le repas.
- Stimuler l'autonomie de l'enfant lors des soins (Antoine a 2 ans et demi).

Procédure : la toilette du visage et des mains

Matériel/Produits	Actions	Précautions
– 1er gant de toilette – Savon liquide (enfant) ou SHA	*Aider l'enfant à :* – prendre le gant de toilette – rincer le gant à l'eau claire **1er temps** – **nettoyer le visage d'abord :** • *le coin des yeux* • *le front* • *les tempes et les joues* • *le menton, la bouche* • *le nez*	– Annoncer le soin à l'enfant et lui expliquer l'intérêt – Ne pas utiliser de savon (sauf si l'enfant est très sale) – Nettoyer du *plus propre au plus sale*
– 1re serviette de toilette	– Essuyer le visage (en tapotant)	– Agir avec des gestes doux
– 2e gant de toilette – 2e serviette de toilette	**2e temps** – **Nettoyer les mains** (insister entre les doigts) – Bien rincer à l'eau claire – Essuyer correctement	– Parler souvent à l'enfant au cours du soin : • échanges affectifs • éducation sanitaire (**stimuler l'autonomie** du grand enfant)
– Cahier des transmissions (ou de liaison)	– Faire les transmissions aux parents	

Règles d'hygiène

- Nettoyer d'abord le visage, ensuite les mains (aller du moins sale vers le plus sale).
- Utiliser 2 gants et 2 serviettes de toilette (une pour le visage et l'autre pour les mains).

Habiller et changer Sara

Objectifs

Assurer l'hygiène du siège et le bien-être de l'enfant chaque fois que nécessaire.

Procédure : le change

Matériel	Actions	Précautions
– Savon liquide ou SHA	– Se laver les mains (ou SHA)	– Annoncer le soin
– Nettoyant	– Nettoyer la table de change	
– Table de change	– Sortir le matériel nécessaire – Mettre l'enfant sur le coussin de change	
– Coussin de change	– Ôter les couches sales	– Agir avec tact et douceur – Replier délicatement la partie des couches qui contient les selles
– Sac à linge sale – Gant de toilette – Papier toilette – Savon liquide (enfant)	– Ôter l'excédent de selles avec du papier de toilette – Savonner le gant de toilette – Nettoyer le siège dans l'ordre suivant : • *le bas du ventre* • *les plis des cuisses* • *les cuisses (dessus/dessous)* • *les organes génitaux* • *les fesses* – Bien le rincer (dans le même ordre) à 2 reprises – Essuyer en insistant dans les plis	– Nettoyer le siège en allant du *plus propre au plus sale* – Pour une fille, nettoyer *du haut vers le bas sans revenir en arrière* – Rincer et essuyer minutieusement pour éviter toute trace de savon ou d'eau (facteurs d'irritations)
– Poubelle – Serviette de bain – Couche propre	– Mettre la couche à l'enfant – Coucher l'enfant pour la sieste	– Essuyer en tapotant pour éviter l'irritation de la peau
– Nettoyant désinfectant + lavette	– Nettoyer et désinfecter le matériel	
– Savon liquide	– Ranger le matériel – Se laver les mains	– Ne jamais laisser l'enfant seul sur la table de change
– Cahier des transmissions (ou de liasion)	– Faire les transmissions des parents (selles, urines)	

QUESTION 2

Conduite à tenir face à la griffure de Sara

Objectifs/Précautions

L'assistante maternelle doit préalablement évaluer la situation. Elle doit :

- observer l'aspect de la plaie :
  - est-elle superficielle ou profonde ?
  - saigne-t-elle beaucoup ?
  - est-elle propre ou souillée ?
- se demander où est-elle située. Ici, c'est une « griffure » sur l'avant-bras de l'enfant.

L'assistante maternelle considère qu'elle est très *superficielle* (voir la conduite adaptée ci-après).

Procédure : soins pour une petite plaie superficielle

L'assistante maternelle doit :

- rassurer l'enfant qui s'est écorché la main ;
- faire laver les mains à l'aide de l'eau et au savon, et sécher ;
- lui passer la main sous l'eau froide (au moins pendant 5 min) ;
- essuyer son avant-bras et surveiller l'état de sa peau ;
- attendre un moment pour observer les réactions de l'enfant ;
- transmettre l'information à la responsable et aux parents.

Conduite à tenir face à la brûlure d'Antoine

Objectif

Évaluer l'étendue, le degré et la cause de la brûlure et adopter le comportement adéquat en vue des soins.

Procédure : soins d'une petite brûlure superficielle

L'assistante maternelle apprécie que la brûlure est très superficielle. Elle doit en conséquence :

- rassurer l'enfant ;
- lui passer la main sous l'eau froide pendant trois minutes et la sécher délicatement ;
- passer une crème type « arnica » (sur autorisation des parents) ;
- surveiller l'état de son doigt au cours de la journée ;
- transmettre l'information aux parents.

Conduite à tenir face au saignement de nez d'Antoine

Objectif

Évaluer l'étendue, le degré et la cause du saignement de nez et adopter la conduite à suivre.

Procédure : le saignement de nez

Moyens	Actions	Précautions
– Mouchoirs (en tissu ou jetable)	– Faire pencher la tête en avant	– Consoler et rassurer l'enfant (anxiété ++ face à la perte de son sang)
	– Recueillir le sang sur le mouchoir	– Faire recracher le sang : *l'enfant ne doit pas déglutir son sang (risque de vomissement)* – Suggérer à l'enfant de respirer par la bouche
	– Comprimer la narine en pinçant le nez pendant 2 à 5 minutes afin que le sang puisse coaguler	– Éviter que l'enfant ne se mouche ou ne se gratte les narines même si le caillot le gêne
– Tampons hémostatiques (si possible résorbables)	– Introduire un tampon hémostatique dans la narine si le saignement continue *(respecter les consignes)*	– Consulter les secours (SAMU) si le saignement ne s'arrête pas.
– Cahier des transmissions (ou de liaison)	– Faire les transmissions aux parents	– Rassurer l'enfant +++

PARTIE

2

EP2
Accompagnement éducatif de l'enfant

CHAPITRE

3 Comment aborder l'EP2

Le dossier

Le dossier n'excède pas 15 pages auxquelles peuvent s'ajouter 10 pages d'annexes maximum.
Il doit comporter :

- *la présentation du ou des milieux professionnels* dans lesquels le candidat a effectué les périodes de formation en milieu professionnel (stages) ou a exercé son activité professionnelle (assistantes maternelles par exemple) ;
- *l'identification des besoins individuels* des enfants dans le contexte professionnel ;
- *la description de deux activités* contribuant au développement et à la socialisation de l'enfant : activités de jeux et de loisirs et prise en compte de l'acquisition de l'autonomie à travers les actes de la vie quotidienne en précisant l'organisation du travail, l'aménagement des espaces.

Le dossier doit obligatoirement être accompagné des *attestations* relatives aux périodes de formation en milieu professionnel ou des *justificatifs* de l'expérience professionnelle (*cf.* arrêté du 22 novembre 2007).

Conseils méthodologiques

▶ Étape 1 : réunir une documentation

Avant de commencer à rédiger le dossier, il est nécessaire de réunir toutes les informations utiles. Trois sources de documentation sont à rassembler :

- *les informations* concernant l'établissement d'accueil des enfants : plan des locaux, organigramme, règlement intérieur, etc. ;
- *les observations* des enfants permettant ensuite de rédiger leurs besoins : notes prises au cours du stage sur le comportement des enfants, leurs progrès, leurs habitudes, etc. ;
- *de la documentation* sur différentes activités pouvant être proposées aux enfants : jeux, histoires, réalisations d'objets décoratifs, etc.

▶ Étape 2 : rédiger le plan du dossier

Le plan du dossier doit correspondre aux indications de l'épreuve EP2 :

- document(s) relatif(s) aux périodes de formation en milieu professionnel ou à l'expérience professionnelle (documents signés et datés) ;
  – 1er chapitre : présentation de la structure ;

– 2e chapitre : identification des besoins des enfants ;
– 3e chapitre : description des deux activités ;
- les annexes.

Il est indispensable de paginer le dossier et de rédiger un sommaire.

Étape 3 : à partir de la documentation, rédiger les différentes parties

La rédaction du dossier nécessite l'emploi d'un langage professionnel, l'utilisation du dictionnaire aide pour le choix des termes justes. Les phrases sont courtes, l'emploi de verbes au présent est souvent plus facile.

- *1re partie* : présenter l'établissement : le type de structure (crèche, halte-garderie, multi-accueil, etc.) – l'organigramme : à présenter sous la forme d'un organigramme hiérarchique – le plan des locaux – la description brève des activités des différents personnels – les enfants accueillis.
- *2e partie* : décrire les besoins des enfants, en veillant à présenter des profils d'enfants aux besoins différents. Il est absolument essentiel de respecter la discrétion professionnelle.
- *3e partie* : choisir deux activités différentes et pour chacune décrire la mise en œuvre de l'activité (organisation et aménagement des espaces) en insistant sur la participation des enfants. Il est important de préciser également les règles de sécurité prévues.

Étape 4 : mettre en forme par traitement de texte

Il est important de veiller au choix de la taille de police, au type de police : rester dans les polices classiques (Times, Arial). Une succession judicieuse de paragraphes est toujours plus agréable à lire qu'un chapitre sans retour à la ligne.

Étape 5 : relire le document

Plusieurs lectures sont nécessaires pour s'assurer que les informations sont claires. Une lecture par une autre personne peut apporter une analyse différente. Corriger également toutes les fautes d'orthographe. Rédiger le sommaire définitif.

Étape 6 : faire relier le dossier – le photocopier

Prévoir au minimum deux exemplaires du dossier : l'un à envoyer, l'autre à garder pour le jour de l'entretien.
Ne pas oublier d'ajouter les documents relatifs aux périodes de formation en milieu professionnel ou à l'expérience professionnelle.

L'entretien

L'exposé : 5 à 10 minutes maximum

Rédiger un support de son intervention

Préparer son exposé en rédigeant un support écrit qui peut présenter :

- *la structure* : type d'établissement – le personnel – les enfants ;
- *les besoins des enfants* : courte présentation des besoins les plus représentatifs de chacun des enfants ;

- *les deux activités* : justification du choix des activités – règles de sécurité mises en place – pointer les réussites et les améliorations qui auraient pu être faites.

S'entraîner à exposer

Se mettre en situation et se chronométrer ou faire la même chose devant une autre personne. Cette présentation est à faire plusieurs fois pour juger s'il est nécessaire de limiter sa présentation si elle dépasse les 10 minutes.

L'entretien : 20 minutes maximum

Avant l'entretien

- Se documenter et maîtriser les savoirs associés de l'épreuve en sciences médico-sociales, biologie générale et appliquée, technologie.
- Relire son dossier et connaître tous les termes techniques ou scientifiques notés.

Durant l'entretien

- Bien écouter les questions – ne pas hésiter à faire préciser la demande si elle est mal comprise.
- Cerner la demande : que me demande-t-on ? À quelle partie de mon dossier cela se rapporte-t-il ?
- Prendre le temps de formuler la réponse.
- Répondre de façon synthétique à la question en employant un langage professionnel.
- Dialoguer : si la personne apporte une autre idée, donner son point de vue tout en prenant en compte la proposition faite.
- Justifier ses actions en fonction du contexte de la structure : locaux, nombre d'enfants, horaires à respecter.
- En structure : penser au travail en équipe, aux transmissions avec l'équipe et avec les parents des enfants.
- Pointer ce qui a marché mais également les difficultés, les propositions pour faire autrement.

Arrêté du 22 novembre 2007

L'épreuve a pour objectif de vérifier les compétences professionnelles et les savoirs associés liés aux activités professionnelles d'accueil et de prise en charge de jeunes enfants en structures collectives (écoles maternelles, crèches, pouponnières, haltes-garderies, centres de loisirs sans hébergement, centres de vacances et tout établissement accueillant des jeunes enfants, milieu familial).

Descriptif de l'épreuve EP2	
Déroulement	L'épreuve s'appuie sur un entretien conduit par le jury à partir du dossier établi au cours de la formation en écoles maternelles, crèches, pouponnières, haltes-garderies, centres de loisirs sans hébergement, centres de vacances et tout établissement accueillant des jeunes enfants ou de l'expérience professionnelle dans ces mêmes milieux, auxquels s'ajoute le domicile privé d'exercice.L'entretien se déroule en deux temps : – *un exposé* d'une durée de 5 à 10 minutes au maximum au cours duquel le candidat présente et justifie le choix des situations analysées dans le dossier ; – *un entretien* d'une durée de 20 minutes qui permet au jury d'approfondir certains éléments du dossier et de sa présentation et de vérifier la maîtrise des savoirs associés listés ci-dessous.
Compétences évaluées	– Traiter des informations à caractère professionnel – Identifier les besoins de l'enfant ou des enfants (dans un contexte professionnel) – Organiser les activités des enfants – Organiser un programme de travail – Installer et sécuriser les espaces de vie des enfants (jeux, repas, repos) – Aménager des espaces d'activités collectives – Contribuer au développement et à la socialisation de l'enfant : mettre en œuvre des activités de jeux et de loisirs – contribuer à l'acquisition de l'autonomie à travers les actes de la vie quotidienne – Établir des relations professionnelles – S'intégrer dans une équipe
Savoirs associés évalués	**Sciences médico-sociales** – L'enfant : différents aspects du développement – maladies chroniques et handicaps de l'enfant – Cadre juridique et institutionnel de l'enfant et de la famille : protection sanitaire et sociale de l'enfant (0 à 6 ans) et de la famille – Protection sociale – Modes d'accueil : établissements d'accueil collectif – école maternelle – Communication appliquée au secteur professionnel **Biologie générale et appliquée** – Les fonctions de relation **Technologie** – Environnement de l'enfant en collectivité

CHAPITRE

4 Sujets corrigés : analyse de situations professionnelles

Ces 6 situations sont présentées pour aider les candidat(es) à rédiger la troisième partie de leur dossier support de l'épreuve EP2 (cf. p. 43) : description de deux activités contribuant au développement et à la socialisation de l'enfant.

SITUATION 1

DESCRIPTION DE LA SITUATION

Vous êtes stagiaire à la halte-garderie les « bouts de choux ». Nous sommes au mois d'octobre. La directrice vous a demandé de prendre en charge 4 enfants au cours de la matinée :

- Arthur, 30 mois ;
- Paul, 26 mois ;
- Noémie, 32 mois ;
- Pauline, 29 mois.

Vous devez préparer ce matin une animation sur le thème d'Halloween.
Au cours de l'activité, vous observez les enfants et vous constatez que Paul devient grognon et se gratte souvent la tête.

CORRIGÉS

Le stagiaire va donc concevoir un projet d'animation dans un 1er temps et les soins de la pédiculose dans un 2e temps. Voici les différents stades de sa démarche.

LE PROJET D'ANIMATION (THÈME « D'HALLOWEEN »)

Le stagiaire va préparer un projet d'animation sur le thème d'Halloween en analysant la situation de la façon la plus complète. Il va utiliser la méthode du QQQOCP (qui ? quoi ? quand ? où ? comment ? pourquoi ?).[11]

11 La formule se retient mieux sous la forme « mnémotechnique » mais le *pourquoi peut se placer au début de la réflexion.* Il peut se placer aussi à tous les niveaux de l'analyse.

A. Qui ? Qui sont les enfants concernés ?

Le stagiaire va successivement :

Recueillir des informations

En particulier sur :

- leurs capacités psychomotrices : les enfants ont-ils acquis la motricité fine et précise leur permettant de découper les masques ?
- leurs habitudes : les enfants ont-ils déjà pratiqué cette activité ?
- leurs besoins, désirs : les enfants sont-ils motivés pour pratiquer cette activité ? correspond-elle à leurs besoins ?

Analyser les informations

Il s'agit de vérifier la compatibilité entre la nature de l'activité et les capacités des enfants :

- on nous dit qu'Arthur, Paul, Noémie et Pauline sont âgés de 26 à 32 mois. Il y a peu de chance qu'ils puissent découper du papier (ce n'est que vers 4 ans que l'enfant acquiert la maîtrise de ce geste) ;
- en revanche, vers 2 ans ½ l'enfant aime peindre et apprécie les activités de groupe ; c'est donc cette approche qui sera choisie pour l'activité « masques ».

B. Quoi ? Quelle est la nature de l'activité choisie ?

C'est l'activité « masques » (d'Halloween) qui a été choisie.

Il s'agit de proposer à l'enfant de fabriquer des « masques » (choix des personnages, découpage, collage et peinture), puis de se déguiser. Le déguisement plaît à l'enfant car il permet d'entrer dans la peau d'un autre et d'agir sur les autres (par exemple en faisant peur !).

C. Pourquoi ? Quels sont les objectifs de l'activité choisie ?

Il s'agit de répondre à plusieurs besoins de l'enfant :

- développer la préhension fine, la précision du geste ;
- favoriser la créativité, l'imagination ;
- favoriser la communication entre les enfants donc la socialisation ;
- favoriser les « jeux de rôle » : on se déguise, on devient « un autre », on se défoule, on se provoque (en jouant !). On se procure des émotions fortes.

D. Quand ? À quel moment est prévue l'activité ?

Le stagiaire doit s'informer du jour et de l'heure prévus pour cette activité (c'est généralement l'après-midi, après la sieste, que les enfants sont le plus disponibles).

E. Où ? Dans quel local se déroulera l'activité ?

Le stagiaire doit préciser avec l'équipe l'endroit choisi pour pratiquer cette activité. Il pourra ainsi vérifier l'état des lieux et du matériel avant de commencer.

F. Comment ? Comment organiser l'activité ?

Il s'agit d'organiser l'activité en regard des règles d'HSCR (hygiène, sécurité, confort et relationnel avec l'enfant) et ergonomie (E) et économie du matériel (liée à toute activité).

Le choix des moyens

Il y a deux types de moyens :

- les moyens matériels (voir dans le tableau ci-après le matériel qui est nécessaire pour chaque activité), s'assurer préalablement de la disponibilité du matériel (l'organisation implique que la structure dispose d'un répertoire du matériel)[12] ;
- les moyens humains : faut-il faire appel à l'aide d'une collègue ? Dans la situation présente une seule personne suffit pour animer cette activité.

Le mode d'animation choisi

Il existe 3 grands modes d'animation[13]. Ici il semble opportun de choisir le mode « semi-directif ». L'adulte propose l'activité aux enfants et ensuite les « accompagne » au cours de l'activité :

- *proposer aux enfants* : le choix du masque, c'est-à-dire du type d'animal qu'il préfère. En fonction du jeune âge des enfants, on constate souvent dans les structures d'accueil de la petite enfance que seul un petit nombre d'enfants choisit le masque de sorcière et que la majorité porte son choix vers des animaux domestiques, types chats ou chiens (stylisés) ou très souvent du loup. L'adulte respectera le choix des enfants (plusieurs masques seront réalisés) ;
- *accompagner les enfants* : les enfants vont pouvoir dessiner (avec l'aide de l'adulte) une griffe, une moustache, etc., peindre les silhouettes, aider à assembler les morceaux, etc. L'adulte guidera l'enfant et sera présent en permanence auprès de lui et stimulera l'autonomie de l'enfant.

L'état des lieux du matériel (règles d'HSC et E)

Le stagiaire veillera à ce que :

- les tables et les chaises soient solides, stables et à bonne hauteur (aux normes) = *sécurité, confort, ergonomie* ;
- l'éclairage soit suffisant, mais pas éblouissant (naturel si possible) = *hygiène* ;
- la pièce ne soit pas trop chauffée, bien aérée, calme, etc. = *hygiène*.

La technique et le déroulement de la séance (*cf.* tableaux suivants)

---

12 Ce répertoire peut être informatisé. Il doit faciliter l'organisation et permettre l'achat du matériel (dans un esprit d'économie).

13 Modes : directif, semi-directif, non directif.

LA FABRICATION DES MASQUES

A. La technique

Différents sujets peuvent être proposés aux enfants, voyons le matériel et la technique pour la fabrication de 2 types de masques (*cf.* tableaux 1 et 2).

B. Le déroulement de la séance

La séance se déroulera dans le respect des règles d'HSCR (*cf.* tableau ci-après).

Tableau 1 Les masques de chat, tigre ou loup.

Matériel	Réalisation	Illustrations
– Modèles[a] – Assiettes en carton (blanches, 22 cm de diamètre) – Papiers de couleur – Papier calque – Ciseaux à bouts ronds – Boîte de 3 cm de diamètre ou compas – Pinceaux, gouache grise – Papier à dessin noir – Tube de colle – Feutre noir – Vernis à gouache – Perforatrice – Élastique rond (dimension de la tête de l'enfant)	– Dessiner un animal[a] sur une assiette en carton – Dessiner les yeux : 2 ronds de 3 cm de diamètre espacés de 3 cm – Les découper avec les ciseaux – Peindre l'assiette en gris – Découper dans un papier à dessin des oreilles pointues et le museau – Les coller – Dessiner au feutre noir les moustaches – Vernir l'assiette – Faire des trous de chaque côté du masque – Passer l'élastique et faire un nœud	 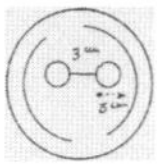    

a Le stagiaire respectera le choix des enfants pour le modèle du masque (soit un modèle d'animal domestique ou sauvage, soit un monstre).

Tableau 2 Les masques de monstres

Matériel	Réalisation
– Modèles[a] – Plaques de mousse (de différentes couleurs) – Papier blanc – Stylo à bille – Ciseaux – Colle sans solvant	– Dessiner sur une feuille la forme souhaitée et la découper (pour la sorcière : un chapeau, des cheveux, un visage et une collerette) – Reporter au stylo les différents contours sur de la mousse – Assembler tous les morceaux avec une pointe de colle : le ruban sur le chapeau, les cheveux, l'œil et la bouche sur le visage, enfin le col sous le visage – Laisser sécher – Faire pareil avec les autres monstres : chauve-souris, citrouille, etc.

a Le stagiaire respectera le choix des enfants pour le modèle du masque (soit un modèle d'animal domestique ou sauvage, soit un monstre).

Critères	Rôle du professionnel
	Le stagiaire doit :
H	– Nettoyer son poste de travail
	– Se laver les mains
	– Préparer à l'avance tout le matériel
R	– Préparer les enfants (leur annoncer le début de l'activité)
	– Mettre (si besoin) un tablier de protection aux enfants
R	– Expliquer (de façon précise et adaptée) aux enfants le déroulement de l'activité (en présentant les photos de masques par exemple ou des photos d'enfants avec des masques)
C	– Veiller à l'installation correcte des enfants au cours de l'activité (dos appuyé au dossier de la chaise)
C	– Veiller au confort visuel, thermique, etc.
R	– Adapter l'activité aux capacités des enfants
	– Respecter le choix de l'enfant (ne pas forcer un enfant à poursuivre l'activité)
	– Être attentif aux enfants (les observer, être à leur écoute)
	– Répondre à leurs questions
	– Participer à l'activité
S	– Veiller à ce que la plus grande liberté soit laissée aux enfants tout en les surveillant attentivement
	– Faire des commentaires bienveillants (valoriser les enfants)
R	– Tenir les parents informés de l'activité et de ses intérêts
	– Ranger les productions dans le casier de l'enfant ou les exposer dans la salle
H	– Nettoyer et ranger les tables et le matériel à la fin de l'activité
S	– Faire les transmissions

SITUATION 2

DESCRIPTION DE LA SITUATION

Vous travaillez à la crèche « les Colibris » et êtes chargé(e) de 4 enfants âgés de 24 à 32 mois. Noël approche et l'éducatrice de jeunes enfants vous sollicite pour l'aider à décorer la salle et préparer diverses activités sur le thème de Noël.

ACTIVITÉ SÉLECTIONNÉE

Réalisez un mobile de Noël qui sera décoré par un groupe de 4 enfants de 24 à 32 mois

L'ANIMATION

Le stagiaire va concevoir un projet d'animation en deux temps : la démarche d'animation (DDA), qui permet au stagiaire d'analyser la situation, et ensuite la réalisation de l'activité : la fabrication des mobiles.

A. La démarche d'animation (DDA)

Le stagiaire va préparer sa démarche de soins en utilisant la méthode du QQQOCP :

- *Qui* : quels sont les enfants concernés ?
- *Quoi* : quelle est l'activité qui doit être proposée ?
- *Pourquoi* : quel est l'intérêt ? quel est l'objectif de cette activité ?
- *Quand* : à quel moment proposer cette activité aux enfants ?
- *Où* : dans quel lieu, dans quelle salle dois-je la réaliser ?
- *Comment* : quels sont les moyens à mettre en œuvre pour la réaliser ?

Qui ? Les 4 enfants

Le stagiaire va :

- *recueillir les informations* les concernant auprès de l'équipe, elle veillera à demander :
  - leurs âges, leurs capacités (développement psychomoteur, cognitif),
  - leurs habitudes de jeux (ont-ils déjà pratiqué cette activité ?),
  - leurs besoins, leurs goûts, leur motivation ;
- *analyser les informations* : il s'agit de vérifier l'adéquation entre l'activité proposée et les informations obtenues en se référant à ses connaissances ; De stagiaire sait qu'il s'agit d'une technique précise et élaborée (voir ci-après la nature de l'activité).

Quoi ? La nature de l'activité

La fabrication de mobiles nécessite des manipulations précises (découpage de papier, collages, percement de trous). Il est évident que des enfants âgés de 24 à 32 mois ne pourront qu'aider partiellement l'adulte et « participer » à la préparation. C'est toutefois très motivant pour les enfants car il s'agit de préparer Noël, de créer une ambiance en décorant la salle. L'animateur veillera à leur donner des petits rôles au cours de l'activité (peindre un motif, apporter un outil à l'adulte, aider l'adulte à coller un élément). Ainsi, l'activité et son animation vont satisfaire plusieurs besoins chez l'enfant et les objectifs seront atteints (*cf.* ci-après).

Pourquoi ? Quels sont les objectifs de l'activité choisie ?

La fabrication du mobile entre dans le cadre de la préparation de Noël. Elle favorise chez l'enfant :

- l'éveil (observation, attention, écoute, analyse des causes à effets) ;
- la créativité (le goût, le choix des couleurs, la décoration, etc.) ;
- la précision du geste (l'enfant va aider à peindre, à coller, etc.) ;
- la communication (entre enfants et avec l'adulte) ;
- le respect des cultures (Noël est une fête familiale partagée par tous, l'enfant y prend une part active) ;
- le besoin d'apprendre, de réaliser, de participer à une activité de groupe (socialisation).

Quand ? Où ?

Le stagiaire s'informera du jour, de l'heure et du lieu prévus pour l'activité, auprès de l'équipe.

Comment ? Quels moyens mettre en œuvre ?

- Choisir le mode d'animation[14]. Ici c'est le mode « *directif* » qui s'impose, car l'adulte doit diriger l'activité (qui est précise et minutieuse), c'est une mesure de sécurité indispensable. Il donnera des directives aux enfants sur ce qu'ils pourront faire et surveillera leurs gestes.
- Vérifier l'état des lieux et la présence du matériel adéquat (respect des règles d'HSC). Exemples :
  - ordre et propreté du local (H/C) ;
  - éclairage suffisant (H/C) ;
  - ambiance thermique (pièce pas trop chauffée), aération, calme (H/C) ;
  - état du matériel (S) ;
  - tables et chaises à bonne hauteur (ergonomie et confort) ;
  - matériels aux normes (S), etc.

B. La réalisation du mobile

Pour ses formes, ses couleurs, son mouvement, un mobile peut être un excellent support pour l'éveil de l'enfant dès le plus jeune âge. Pour Noël, des étoiles, des sapins ou des bougies orneront le mobile dans le respect des traditions.

Le principe de fabrication

Un mobile est toujours composé d'une tige centrale et d'un ensemble d'éléments pouvant se mettre en mouvement.

LA SUSPENSION

Les éléments peuvent être suspendus de deux façons :

- soit sur une ou plusieurs tiges en utilisant des baguettes de bois ou de bambou, des tubes de laiton, des branches d'arbre, etc.) ;
- soit en semis en utilisant un carton rigide perforé, une grille de tamis, une plaque d'aluminium percée, etc.

LES ÉLÉMENTS

Ils sont réalisés avec des matériaux très légers, pour conserver au mobile sa souplesse et son mouvement ; les éléments peuvent être assemblés par thème. Exemple : ici pour le thème de Noël, on choisira de préférence des étoiles, des bougies ou des sapins.

LES MATÉRIAUX

Pour les mobiles simples : les éléments peuvent être fabriqués avec des matériaux rudimentaires : carton léger, papier (ex. : cadeau brillant idéal pour Noël, cartes postales, gommettes), emballages (boîtes à œuf, à camembert, etc.)

L'ASSEMBLAGE

Les éléments sont assemblés et fixés au support ou entre eux par du fil de nylon (fil de pêche fin), des fils de laine ou de la ficelle de cuisine.

---

14 Il y a 3 modes d'animation : directif, semi-directif et non directif.

La technique de fabrication (*cf.* tableau 1)

Nous allons voir les différentes étapes de la fabrication et le matériel associé à chacune d'elles.

Il est évident que, dans la situation décrite dans le sujet (les enfants étant âgés de 24 à 32 mois), on ne peut leur proposer de découper les éléments (sapins, étoiles ou bougies). En revanche ils peuvent participer activement à la séance en faisant passer le matériel à l'exécutante. Ils peuvent également peindre les éléments avant le découpage.

Tableau 1 Technique de fabrication du mobile de Noël

Matériels	Actions
	1re étape : fabrication des éléments 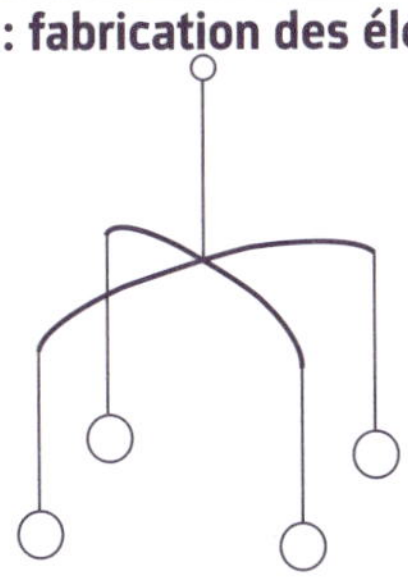
– Crayon de papier noir	– Dessiner au crayon les éléments sur du papier (étoiles, bougies, sapins)
– Papier canson – Feutre noir	– Souligner avec un feutre noir les contours
– Ciseaux	– Découper soigneusement les motifs (rôle de l'adulte) – Ranger les ciseaux
– Peinture dorée (ou rouge, verte, etc.) – Pinceaux	– Peindre les éléments – Laisser sécher
	2e étape : fabrication du support
– Aiguille	– Percer au moyen d'une aiguille un petit trou en haut de chaque motif
– Fil nylon[a]	– Y passer le fil de nylon – Nouer solidement le fil de nylon
– 3 morceaux de fil de fer fin de 26 cm[b] – 1 pince	– Recourber à l'aide d'une pince les extrémités du support en fil de fer, pour former de petites boucles – Y accrocher les éléments prédécoupés
	3e étape : montage de la structure
	– Accrocher les motifs aux fils de fer (suivant le schéma ci-dessous) – équilibrer le mobile
	4e étape : suspension du mobile
– Échelle	– Suspendre le mobile au plafond[c]

a Pour suspendre le mobile au plafond.

b Pour suspendre les petits éléments en carton.

c Les enfants assistent à la suspension. Souvent ils applaudissent car dès cet instant, l'ambiance de Noël est créée.

Le déroulement de la séance

La séance se déroulera dans le respect des règles d'HSCR (*cf.* tableau ci-après).

Tableau 2 Le déroulement de la séance

Critères	Rôle du professionnel
	Le professionnel doit :
H	– se laver les mains
	– nettoyer son poste de travail
S	– vérifier la propreté des tables des enfants
	– préparer le matériel (le regrouper près du poste d'activités)
R	– préparer les enfants (leur annoncer l'activité, écouter leurs commentaires, les prendre en compte)
	– motiver les enfants lors de la présentation de l'activité
R	– expliquer de façon claire, simple et précise l'intérêt de l'activité, son déroulement (brièvement) et leurs rôles respectifs
C	– veiller à l'installation correcte des enfants (appui du dos)
	– veiller à l'ambiance générale
S	– être attentif aux enfants, surveiller leurs gestes
	– éloigner d'eux tout matériel dangereux (ciseaux, etc.)
R	– les surveiller en leur laissant une grande marge de liberté
	– les valoriser dans leurs rôles « d'aidant »
R	– les faire participer à la phase finale (l'accrochage) qui crée l'ambiance de Noël
	– tenir les parents informés de l'activité
H	– nettoyer et ranger la salle à la fin de l'activité
S	– faire la transmission à l'équipe

SITUATION 3

DESCRIPTION DE LA SITUATION

Vous êtes stagiaire dans la crèche collective « Les petits loups ». Après la sieste, trois ateliers sont organisés pour des groupes de 6 enfants de 2 ans et 2 ans ½ :

- préparation de cadeaux pour la fête des mères ;
- atelier peinture ;
- parcours de motricité.

CORRIGÉS

L'organisation du parcours de motricité.

L'ANIMATION

Le stagiaire va concevoir son projet d'animation en deux temps : la démarche d'animation (DDA) qui lui permet d'analyser la situation, et ensuite la réalisation de l'activité (le parcours de motricité).

A. Démarche d'animation/DDA

Le stagiaire va préparer sa démarche en utilisant la méthode du QQQOCP :

- *Qui ?* Quels enfants sont concernés ?

- *Quoi ?* Quelle est l'activité qui doit être proposée ?
- *Pourquoi ?* Quel est l'intérêt ? Quels sont les objectifs de cette activité ?
- *Quand ?* À quel moment proposer cette activité aux enfants ?
- *Où ?* Dans quel lieu, dans quelle salle dois-je la réaliser ?
- *Comment ?* Quels sont les moyens à mettre en œuvre pour la réaliser ?

Qui ? Qui sont les enfants ?

Le stagiaire va :

- *recueillir les informations* les concernant auprès de l'équipe. Elle veillera à demander :
  - leurs âges, leurs capacités (acquis au niveau du développement psychomoteur),
  - leurs habitudes de jeux (ont-ils déjà pratiqué cette activité ?),
  - leurs besoins, leurs goûts, leur motivation ;
- *analyser les informations* : il s'agit de vérifier l'adéquation entre l'activité proposée et les informations obtenues (voir ci-après la nature de l'activité).

Quoi ? Quelle est la nature de l'activité ?

De stagiaire proposée exige que les enfants maîtrisent la marche et qu'ils aient acquis un bon équilibre. On nous signale qu'ils sont âgés de 2 ans à 2 ans $^{1}/_{2}$. L'activité correspond (théoriquement) à leur âge et à leurs compétences. De stagiaire veillera toutefois à vérifier ces acquis.

Pourquoi ? Quels sont les objectifs de l'activité ?

Les objectifs de l'activité sont multiples. Le « parcours » vise à développer :

- *la motricité globale* : équilibre, maintien, maîtrise du corps, coordination des gestes ;
- *les sens* : le toucher, la vue, l'ouïe ;
- *la connaissance de soi* :
  - connaissance des limites de son corps, de son schéma corporel, de ses capacités motrices,
  - confiance en soi ;
- *la connaissance de l'autre* :
  - par les contacts verbaux (langage) et corporels,
  - par la reconnaissance d'autrui : l'autre existe, est différent de lui, il le touche, veut lui plaire, l'observe, etc. ;
- *la connaissance de l'environnement* :
  - connaissance de l'espace (direction, orientation, etc.),
  - connaissance des matériaux (le dur, le souple, le léger, etc.) ;
- *la socialisation* : par le respect des règles communes.

Quand ? À quel moment et où ? À quel endroit ?

Le stagiaire s'informera (auprès de l'équipe) du jour, de l'heure et du lieu (local) où doit se dérouler l'activité ; il vérifiera l'état des lieux (*cf.* ci-après).

Comment ? Quels sont les moyens à mettre en œuvre ?

Le stagiaire va sélectionner un « mode d'animation[15] » pour cette activité. Ici, il opte pour le « mode semi-directif ». Il va :

15 Il existe 3 modes d'animation : directif, non directif, semi-directif.

- faire choisir un parcours aux enfants, après leur avoir expliqué en quoi consistait le parcours[16];
- leur donner quelques consignes (simples);
- leur faire faire un « essai » (à titre de démonstration) puis guider leurs pas et animer la séance.

Le stagiaire va vérifier l'état des lieux et du matériel, et leur disponibilité. Il s'assurera de :

- la propreté et l'ordre (par mesure de sécurité, il supprimera tout ce qui peut gêner);
- l'ambiance thermique (pièce pas trop chauffée en hiver et aérée);
- l'état du matériel (solidité, stabilité, etc.), etc.

B. L'animation (le « parcours de motricité »)

Choix du matériel

- Bancs (de hauteurs différentes, avec ou sans dossier).
- Petites tables, petites chaises.
- Cerceaux.
- Briques, etc. (tout dépend du parcours choisi).

Pour connaître l'utilité de ce matériel, contentons-nous de noter les actions qu'il engendre : grimper, enjamber, sauter, franchir un obstacle, se cacher au-dessous, etc.

Organisation du « parcours »

Il y a plusieurs types de parcours de motricité. Citons-en trois, à titre d'exemples.

LE PARCOURS AVEC DES BANCS, DES TABLES, DES CHAISES

- *Les bancs* : c'est un matériel très connu des enfants, favorisant de nombreux jeux moteurs. De stagiaire aura intérêt à placer les bancs contre les murs de la salle, ce qui crée un appui, un support de sécurité pour l'enfant. On sait à quel point il aime monter, marcher et sauter du banc (lorsque celui-ci n'est pas trop haut).
- *Les tables* peuvent remplacer les bancs. On peut courir entre les tables, se cacher au-dessous; les actions s'enchaînent les unes aux autres. La table (à l'inverse du banc) donne à l'enfant l'impression de transgresser un « interdit », car elle a un autre usage habituellement.
- *Les chaises* s'alignent en enfilade. Les enfants aiment (aidés de l'adulte) franchir le dossier de chacune d'elles. Comme la table, la chaise est ainsi détournée de sa fonction réelle.

Intérêt : cet exercice permet de répondre au besoin d'activité des jeunes enfants en stimulant l'équilibre et la motricité, ainsi que le développement des sens.

LE PARCOURS AVEC DES CERCEAUX

Les cerceaux doivent être en plastique ferme et léger, de dimensions différentes et de couleurs variées. Plusieurs exercices peuvent se pratiquer à partir des cerceaux. La musique y est souvent associée.

- *Les cerceaux au sol* : les cerceaux, posés verticalement les uns à la suite des autres, forment un tunnel à claire-voie que l'enfant va essayer de franchir.

16 Cette proposition est valable si les enfants ont l'habitude de pratiquer ce type d'exercice. Sinon, l'adulte fera le choix à leur place.

Il faut prévoir une fixation au sol (on peut choisir une brique en plastique fendue aux 2/3).

- *Les cerceaux posés à plat* : ils seront autant de petits obstacles à franchir (tel un jeu de marelle). Parfois les cerceaux sont utilisés autour du corps (cf. illustration).

Intérêt : outre le plaisir du jeu collectif, cet exercice aide à la prise de conscience du corps, développe le sens du dehors et du dedans, de l'intérieur et de l'extérieur.

LE PARCOURS AVEC DES BRIQUES

L'adulte pose sur le sol des objets plats et suffisamment larges pour recevoir le pied de l'enfant (type briques) (cf. illustration). Il demande à l'un des enfants de faire une démonstration pour ses camarades. Celui-ci, très fier, franchit les obstacles (comme s'il traversait une rivière en marchant sur des cailloux...), les autres le suivent rapidement. Selon l'âge de l'enfant, il faut, ou non, le tenir par la main. Il est bon de laisser l'enfant s'amuser ensuite avec ces briques ; il les apprivoise, les connaît mieux, les dispose différemment, apprécie leur forme, leur poids.

Intérêt : cet exercice réussi est un petit exploit pour l'enfant, car il est fier de lui. Sa motricité et son équilibre s'affirment (il repère mieux son centre de gravité). Cet exercice pourra même l'aider à mieux voir, à mieux appréhender les obstacles.

le jeu avec des « cerceaux »

le jeu avec des « briques »

Rôle de l'animateur

Voici quelques conseils qui vont permettre de mieux cerner les objectifs de l'activité « parcours moteur ». Il faut veiller à :

OBSERVER LES ENFANTS

- Tenir compte de leur développement psychomoteur et de leurs possibilités (respecter le rythme propre de l'enfant).
- Tenir compte de leurs dispositions : ont-ils envie ou pas de commencer cet exercice ? Est-ce le moment opportun ? Ont-ils ébauché quelques mouvements ?

PRÉPARER LES ENFANTS

- Utiliser des vêtements amples et légers qui favorisent les mouvements.
- Toujours expliquer à l'enfant ce que l'on va faire.

AMÉNAGER L'ESPACE

- Disposer au sol de grands tapis de mousse (doux, chaud, insonorisé) et vérifier leur propreté.
- Ôter les meubles, les objets encombrants.
- Prévoir l'aération, l'ouverture sur le dehors (lieu avec fenêtres ou portes).
- Poser des miroirs aux murs (si possible !) : l'enfant aime se « voir » bouger, se « reconnaître » (certains exercices peuvent d'ailleurs mettre à profit le miroir).

ANIMER LA SÉANCE (DANS LE RESPECT DES ENFANTS)

- Créer un climat calme et détendu.
- Laisser les enfants libres de leurs mouvements.
- Éviter les commentaires valorisant les uns au détriment des autres.
- Parler à tous les enfants (langage clair, simple, à leur portée, plein d'encouragements, de stimulations).
- Favoriser les contacts entre enfants.
- Observer les enfants[17] :
  - tenir compte des rythmes individuels ;
  - ne rien imposer, ne jamais forcer l'enfant ;
  - laisser les enfants « libres » de leurs gestes : suggérer mais ne jamais rien imposer, suivre le rythme de l'enfant ;
  - l'ambiance peut être sonore : un disque stimule souvent les enfants, ils ont envie de se mouvoir en musique ; parfois c'est le chant qui accompagne le rythme (les enfants connaissent par cœur les paroles !).

SITUATION 4

DESCRIPTION DE LA SITUATION

Vous êtes stagiaire dans la crèche « La souris verte ». Vous accueillez Boris, 3 ans, Olivia, 6 mois, Philippine, 10 mois, et Simon, 20 mois.
Simon semble agité, l'éducatrice de jeunes enfants recommande de lui raconter une histoire en se servant des marionnettes à doigt.

ACTIVITÉS SÉLECTIONNÉES

– Réaliser une marionnette à doigt et avec celle-ci raconter une histoire à Simon.
– Préparer et installer Simon pour son goûter.

---

17 L'observation des enfants. Au cours du jeu, l'adulte peut à loisir observer le comportement des enfants et noter beaucoup d'indices révélateurs de la personnalité de chacun. Notons à titre d'exemples :
– les enfants accapareurs (ils veulent toujours le jouet du voisin) ;
– les enfants peureux ou timides ou les souffre-douleur (qui se réfugient auprès des auxiliaires de puériculture) ;
– les enfants inadaptés à la crèche (ils sont seuls, l'air triste, sucent le pouce, etc.) ;
– les enfants maladroits qui utilisent mal le matériel ou ont des difficultés motrices (mauvaise coordination ou mauvaise latéralité), etc.

CORRIGÉS

Le stagiaire va planifier son action en deux temps :
- 1er temps : la fabrication de la marionnette à doigt ;
- 2e temps : la préparation et l'installation de l'enfant Simon.

L'ANIMATION

Le stagiaire va préparer sa démarche d'animation (réflexion) avant de passer à l'action.

A. La démarche d'animation/DDA

Afin d'analyser la situation sous tous les angles, De stagiaire utilise la méthode du QQQOCP :
- *Qui ?* : quels enfants sont concernés ?
- *Quoi ?* : quelle est l'activité qui doit être proposée ?
- *Pourquoi ?* : quel est l'intérêt ? quels sont les objectifs de cette activité ?
- *Quand ?* : à quel moment proposer cette activité aux enfants ?
- *Où ?* : dans quel lieu, dans quelle salle dois-je la réaliser ?
- *Comment ?* : quels sont les moyens à mettre en œuvre pour la réaliser ?

Qui ? Qui est l'enfant concerné par le projet ?
- Le stagiaire va recueillir des informations au sujet de l'enfant à qui sera proposée l'activité :
  - son nom (Simon) ;
  - son âge (20 mois) ;
  - ses capacités psychomotrices, son autonomie ;
  - ses habitudes de jeux, ses besoins, ses goûts, etc.
- Le stagiaire va ensuite s'assurer de l'adéquation entre l'activité proposée et les informations recueillies ci-dessus.

Quoi ? Quelle est la nature de l'activité ?

L'activité proposée à l'enfant est la fabrication d'une marionnette à doigt. L'enfant est âgé de 20 mois. Il ne pourra qu'assister à la fabrication de l'objet réalisé par le stagiaire, mais ce dernier veillera à le rendre « participant actif ».

Pourquoi ? Quels sont les objectifs de l'activité ?

Les objectifs, donc les intérêts de cette activité, sont multiples. Elle vise à développer chez l'enfant :
- *l'éveil cognitif* : l'écoute, l'attention, l'observation ;
- *le langage* (vocabulaire), la créativité ;
- *le symbolisme* : le personnage de la marionnette c'est… l'enfant. Il va lui permettre de faire des « transferts » qui ont pour effet de rassurer et de sécuriser l'enfant. Une petite histoire est toujours associée à la fabrication de la marionnette (on lui fait vivre des épisodes de la vie quotidienne : repas, sommeil, etc.)

Quand ? À quel moment réaliser l'activité ? Où ? À quel endroit ?

Le stagiaire s'informera (auprès de l'équipe) du jour, de l'heure et du lieu (local) où doit se dérouler l'activité (le stagiaire vérifiera l'état des lieux, voir ci-après).

Comment ? Quels sont les moyens à mettre en œuvre ?

- Le stagiaire va sélectionner un « mode d'animation » pour cette activité.[18] Ici, il opte pour le mode « semi-directif ». Ainsi il va :
  - faire choisir le sujet de la marionnette à l'enfant (il peut fabriquer un chien, un chat, un petit cochon, un ours, une souris, etc.) ;
  - lui expliquer le déroulement et le but de la séance (l'histoire) ;
  - lui annoncer quel rôle il pourra jouer (pour le motiver).
- Le stagiaire va vérifier l'état des lieux et du matériel et leur disponibilité. Il s'assurera de :
  - la propreté et de l'ordre de la salle où se déroulera l'activité ;
  - l'ambiance thermique et phonique (la pièce devra être calme pour favoriser l'attention de l'enfant lors de la séance) ;
  - l'état du matériel (solidité, propreté, etc.).

B. La fabrication de la marionnette à doigt

Les principes

Pour la fabrication des marionnettes, quelques principes sont à retenir :

- la marionnette doit être construite rapidement pour pouvoir s'orienter vers le jeu et permettre ensuite la manipulation ;
- la marionnette est secondaire, seul le jeu est important. Son exécution doit être rudimentaire. Il faut faire partager ce moment à l'enfant ; c'est une façon de se réjouir à l'avance de ce que l'on va produire, de communiquer, d'échanger, etc.

Les objectifs

Cf. le « Pourquoi ? », page précédente.

La technique

La marionnette à doigt est une marionnette très rudimentaire. Il s'agit de :

- découper deux profils semblables dans la feutrine selon le modèle choisi ;
- les assembler par une couture fine en laissant la base libre pour introduire le doigt ;
- la figurine n'est pas rembourrée. Si on veut lui donner un peu de volume, on ajoute une bande frontale effilée.

Voir le détail de la technique et le matériel associé, dans le tableau 1 (ci-après).

L'histoire associée à la marionnette

Le stagiaire a choisi de réaliser un petit cochon rose. Elle aurait pu choisir « l'histoire des 3 petits cochons », mais pour Simon elle a opté pour un conte plus court et plus simple, de sa propre invention.

Le stagiaire a donné un nom à la marionnette : « Chouchou » (le mot plaît à l'enfant !).

---

18 Il existe 3 grands modes d'animation (directif, non directif, semi-directif).

Tableau 1 Fabrication d'une marionnette à doigt (ici le petit cochon)

Matériel	Actions	Illustrations
1er temps : LE CORPS – Feutrine rose – Matériel de dessin : • crayon papier • gomme • feutre noir – Matériel de couture : • ciseaux à bouts ronds • aiguille • fil rose **2e temps : LA FACE** – Feutrine jaune – Gommettes noires – Tube de colle – Feutrine rose	– Dessiner sur le papier le patron d'une forme rectangulaire (7 cm/4 cm) arrondie à son extrémité supérieure – Découper deux formes identiques dans la feutrine rose – Les coudre sur l'envers rose – Et retourner le tissu – Fabriquer les éléments de la face : • *le groin* : le découper dans la feutrine jaune et y coller 2 gommettes moyennes noires (narines) • *les oreilles* : les découper dans la feutrine rose selon une forme cylindrique	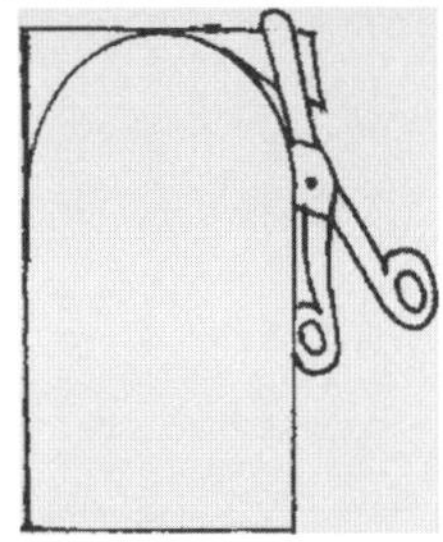 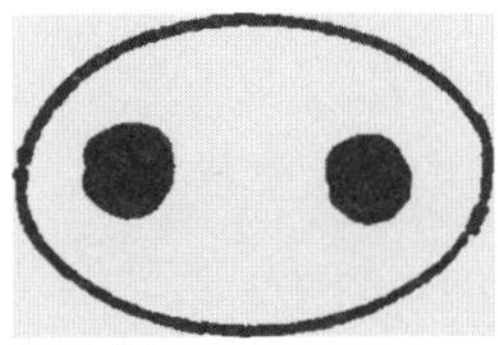 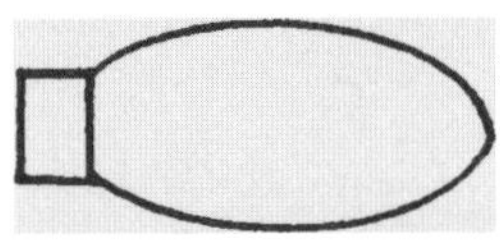
– Gommettes noires (plus petites)	– Placer les éléments de la face, par exemple, le groin, les oreilles : • les coudre aux extrémités supérieures de la face en les laissant retomber sur le côté • et pour les yeux : coller deux petites gommettes noires	

Pour capter son attention, le stagiaire va raconter l'histoire en séquences et va utiliser quelques « accessoires » trouvés dans les jouets de l'enfant : une maison (pour la faire apparaître et disparaître).

Chouchou arrive… Il dit : « Bonjour Simon ! » L'enfant (stimulé par le stagiaire) va lui répondre et entamer un dialogue avec la marionnette :

1. Je m'appelle « Chouchou ». Aimes-tu mon prénom ? Sais-tu le prononcer ? Un peu plus fort (je n'ai pas entendu !)
2. Très tôt ce matin, je me promenais près de ta maison et Mlle X (la marionnette dit le prénom du stagiaire) m'a fait entrer, car j'avais froid et faim (l'enfant s'apitoie, est captivé !)
3. Mlle X m'a donné du lait et du jus d'orange. C'était bon !
- Aimes-tu le lait ?
- Aimes-tu le jus d'orange ?

4. Je me suis ensuite glissé dans ton coffre à jouets... Tu as beaucoup de jouets ! Veux-tu m'en donner un ? Lequel veux-tu me donner ?
(L'enfant part en courant chercher une auto, et la pose devant la marionnette, qui se baisse pour l'embrasser !)
5. J'ai beaucoup joué, à présent j'ai sommeil... Je vais dormir, ici dans ma petite maison. Bonne nuit Simon.
(L'enfant répond : « Bonne nuit », la marionnette disparaît dans la petite maison et Mlle X dit à l'enfant : ne la réveillons pas).
NB. : c'est une idée de spectacle volontairement succinct mais auquel on peut ajouter des séquences variées. Le but est d'associer l'enfant, de le faire « dialoguer » avec la marionnette, de l'impliquer totalement dans le récit qui doit parler de situations vécues au quotidien.

LE SOIN

Nous allons voir successivement la démarche de soins (DDS) qui permet d'analyser la situation et la réalisation du soin.

A. La démarche de soins (DDS)

Le stagiaire utilise la méthode du QQQOCP pour se questionner :
- *Qui ?* : quel est l'enfant concerné par le soin ?
- *Quoi ?* : quel soin doit être pratiqué ?
- *Pourquoi ?* : quels sont les objectifs (intérêts) du soin pour cet enfant ?
- *Quand ?* : à quel moment dois-je effectuer le soin ?
- *Où ?* : à quel endroit ?
- *Comment ?* : quels moyens dois-je mettre en œuvre ?

Qui ? Qui est l'enfant concerné par le soin ?

- Le stagiaire va dans un premier temps *recueillir des informations* (auprès de l'équipe) sur l'enfant qui lui est confié :
  - son prénom (Simon) :
  - son âge (20 mois) ;
  - ses capacités, son développement psychomoteur, son autonomie ;
  - ses besoins (en particulier celui de manger puisqu'il s'agit du goûter) ; Le stagiaire s'informera sur : ses habitudes alimentaires, ses goûts et ses dégoûts ; son appétit, son attitude au cours des repas, ou du goûter, etc.
- Le stagiaire va *analyser* les informations recueillies afin de préparer correctement le moment du goûter et le goûter lui-même.

Quoi ? Quelle est la nature du soin proposé ?

Ici, il s'agit de la préparation de l'enfant au goûter et de l'aide au goûter.
Le stagiaire va se représenter mentalement le déroulement de la séance du goûter afin de la préparer correctement. Il va puiser dans ses connaissances théoriques et pratiques et tenir compte des consignes reçues.

Pourquoi ? Quels sont les objectifs visés ?

Les objectifs du goûter sont de :
- satisfaire le besoin de boire et de manger (besoin physiologique) ;

- donner du plaisir à l'enfant (moment convivial) ;
- favoriser l'échange, la communication (avec ses pairs et avec l'adulte qui offre le goûter).

Quand ? À quel moment proposer le goûter et où ?

- Le goûter sera proposé après la sieste (vers les 16 heures à la crèche « La souris verte »).
- Le goûter est proposé dans la salle à manger des moyens (équipée de petites tables et chaises) où l'enfant prend également le repas du midi.
- Les soins d'hygiène associés au goûter (avant et après) sont effectués dans la salle de bain (ou salle de change).

Comment ? Quels moyens mettre en œuvre ?

Le stagiaire doit prévoir le matériel nécessaire aux différentes phases de soins. Il veillera à se laver les mains et à respecter scrupuleusement les règles d'hygiène lors de la préparation et de la distribution du goûter. Il assurera également le confort et la sécurité de l'enfant.

B. Le soin : la préparation et l'installation de l'enfant pour le goûter (cf. tableau 2 ci-après)

Tableau 2 La préparation et l'installation de l'enfant pour le goûter

Matériel	Critères	Actions	Précautions
1er temps : la préparation du goûter			
– Savon liquide – Nettoyant – Lavettes – Couverts – Serviette de table	H H R	– Se laver les mains – Préparer le matériel – Nettoyer la table du goûter – Préparer le goûter – Aller chercher l'enfant, lui expliquer l'intérêt des soins d'hygiène préalables	– Annoncer le goûter à l'enfant – Respecter les indications reçues pour la composition du goûter
2e temps : les soins d'hygiène préalables au goûter			
– Gant de toilette + savon (si besoin) – Serviette de toilette	H	– Effectuer la toilette (*sommaire*) du *visage* : • les joues • la bouche • le nez	– *Nettoyer en allant du plus propre (le visage) au plus sale (le siège)* – *Pour le visage : aller du plus propre (les joues) au plus sale (le nez)*
– Gant de toilette + savon – Couche propre	H	– Laver les *mains de l'enfant* – Nettoyer (si besoin) le *siège* de l'enfant et changer la couche – Conduire l'enfant à table et lui présenter le goûter comme un « moment agréable » – Lui mettre sa serviette	– Bien nettoyer dans les espaces digitaux et bien essuyer – Lui proposer d'aller aux toilettes (s'il est propre)
	R	– Le faire asseoir	
– Serviette de table	C		– Veiller à l'appui du dos
3e temps : l'aide au goûter			

Matériel	Critères	Actions	Précautions
	R	– Aider l'enfant à prendre son goûter, en respectant : • ses capacités • son rythme • ses demandes • son appétit • ses goûts – Ne pas poser l'assiette du goûter (s'il y a lieu) sur la serviette de l'enfant	– Veiller au confort ambiant – Parler à l'enfant au cours du goûter – Favoriser son autonomie – L'inciter à manger lentement – Accepter que l'enfant touche les aliments ! – Ne pas le forcer à finir son goûter – Lui faire apprécier de nouveaux goûts
	R	– Lui faire apprécier la présentation du goûter	– Parler avec lui des goûts, des couleurs des aliments – Ne pas donner de couteau à l'enfant de moins de 4 ans
– Eau	H	– Lui proposer à boire	– Lui apprendre à boire de l'eau plate à volonté
4e temps : les soins d'hygiène après le goûter			
– Matériel pour les soins (cf. ci-dessus)	H	– Effectuer à nouveau la toilette du visage (si besoin) – Laver les mains	– Nettoyer en respectant l'ordre : « *du plus propre au plus sale* » – Bien essuyer ses mains
	S	– Sécuriser l'enfant	– Lui proposer une autre activité (l'accompagner)
5e temps : l'hygiène de l'environnement, la transmission			
– Nettoyant – Lavettes – Poubelle	H	– Nettoyer et ranger le matériel	– Expliquer à l'enfant l'intérêt du rangement (éducatif)
	S	– Effectuer les transmissions	
	H	– Se laver les mains	

SITUATION 5

DESCRIPTION DE LA SITUATION

Vous êtes animateur(trice) au centre de loisirs « Le petit Prince ».
Dans le cadre de l'organisation du carnaval, vous avez en charge un groupe de 6 enfants âgés de 4 ans.

ACTIVITÉS SELECTIONNÉES

- Réaliser des animaux en pâte à sel.
- Après cette activité, réaliser le lavage des mains des enfants.

CORRIGÉS

Le stagiaire va planifier son action en 2 temps :

- 1er temps : la réalisation d'animaux en pâte à sel ;
- 2e temps : le lavage des mains des enfants.

L'ANIMATION

Le stagiaire va préparer sa démarche d'animation (réflexion) avant de passer à l'action.

A. La démarche d'animation (DDA)

Afin d'analyser correctement la situation, De stagiaire utilise la méthode du QQQOCP :

- *Qui ?* : quels sont les enfants concernés par cette activité ?
- *Quoi ?* : quelle est la nature de l'activité ?
- *Pourquoi ?* : quels sont les objectifs de cette activité ?
- *Quand ?* : à quel moment proposer cette activité ?
- *Où ?* : à quel endroit peut-on la réaliser ?
- *Comment ?* : quels moyens mettre en œuvre pour la réaliser ?

Qui ? Quels sont les enfants concernés par cette activité ?

- Le stagiaire va recueillir des informations (auprès de l'équipe) afin de mieux connaître les enfants. En particulier :
  - leurs prénoms respectifs ;
  - leurs âges (autour de 4 ans) ;
  - leurs acquis psychomoteurs, leur langage ;
  - leurs besoins, leurs goûts, leurs habitudes de jeux ;
  - leur motivation pour cette activité.
- Le stagiaire va analyser les informations et vérifier leur adéquation avec l'activité proposée. À 4 ans, les enfants ont acquis une bonne agilité du poignet, une précision du geste et ils apprécient la manipulation et la création d'objets.

Quoi ? Quelle est la nature de l'activité proposée ?

L'activité proposée est la fabrication de la pâte à sel. La recette est donnée au stagiaire, qui fera appel à son expérience de la pratique auprès des enfants pour la réaliser correctement[19].

La fabrication de pâte à sel est une activité appréciée des enfants. Elle a des utilisations diverses selon les âges :

- pour les petits de moins de 3 ans, ce sera essentiellement une activité de manipulation simple ;
- pour les plus grands (c'est ici le cas), la pâte à sel permettra de fabriquer divers objets : bijoux, objets décorés, etc., pouvant constituer un joli cadeau.

19 La fabrication de la pâte à sel figure parmi les pratiques les plus demandées dans les structures d'accueil de la petite enfance.

Pourquoi ? Quels sont les objectifs de cette activité ?

Les objectifs (donc les intérêts pour l'enfant) de cette activité sont multiples. Elle vise à développer :

- *la motricité fine* (coordination et précision des gestes) ;
- *le plaisir de toucher*, de modeler la pâte (souple, douce, molle) ;
- *le plaisir de créer* (donner une forme, associer les couleurs, etc.) ;
- *le plaisir d'offrir un cadeau* (l'objet est souvent offert à la maman) ;
- *la socialisation* : les enfants échangent avec l'adulte, et entre eux, au cours de la séance. Ils respectent une « recette » ;
- *l'éveil cognitif* : l'observation, l'attention et l'écoute sont nécessaires pour réussir l'objet ;
- *la confiance en soi* (par le fait d'avoir créé quelque chose de ses mains).

Quand ? À quel moment réaliser l'activité et où ?

Le stagiaire s'informera auprès de l'équipe, du jour et de l'heure, ainsi que du local où peut être pratiquée cette activité.

Le stagiaire vérifiera si l'espace répond bien aux règles d'HSC (voir ci-après).

Comment ? Quels moyens mettre en œuvre ?

- Le stagiaire va sélectionner un « *mode d'animation* » pour cette activité.[20] Il opte pour le mode semi-directif. Ainsi il va :
  - *proposer l'activité aux enfants* : il leur fait choisir le ou les sujets qui seront fabriqués (chien, chat, serpent, etc.) ; ce qui va motiver les enfants et lui permettre de prévoir le matériel adapté à leur choix ;
  - leur indiquer la marche à suivre (très succinctement) ;
  - veiller à leur donner la plus grande liberté pour manipuler à leur guise la pâte et lui donner des formes.
- Le stagiaire va vérifier l'état des lieux et du matériel destinés à l'activité. Il s'assurera en particulier de :
  - la propreté et de l'ordre de la salle (hygiène) ;
  - l'ambiance thermique (pièce froide) et phonique (calme) pour le confort des enfants ;
  - l'état du matériel (sécurité) ;
  - l'agencement (ergonomie).

Le stagiaire vérifiera leur disponibilité.

B. La fabrication de la pâte à sel

Il s'agit de faire participer les enfants (âgés de 4 ans) à toutes les étapes de la technique.

20 Il existe 3 grands modes d'animation (directif, semi-directif et non directif).

Le matériel et la technique (*cf.* tableau ci-après)

Matériel	Réalisation	Illustrations
1re étape : la préparation		
– Tabliers – Nettoyant – Lavettes	– Annoncer l'activité aux enfants – Se laver les mains et leur faire laver les mains – Nettoyer le plan de travail – Regrouper tout le matériel	
2e étape : la fabrication du « pâton »		
– Saladier – 1 tasse de farine de blé – 1/2 tasse de sel – Spatule en bois – 1 tasse d'eau – Huile végétale	– Mettre la farine et le sel dans un saladier – Verser la tasse d'eau lentement en mélangeant avec la spatule en bois – Ajouter l'huile (1 c. à s.) et mélanger jusqu'à l'obtention d'une pâte lisse	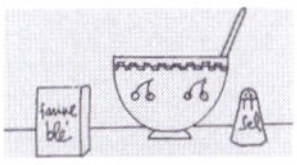 
3e étape : le pétrissage, la coloration		
– Colorants	– Mettre la pâte sur la table saupoudrée de farine et la pétrir à la main – La faire reposer – La colorer	 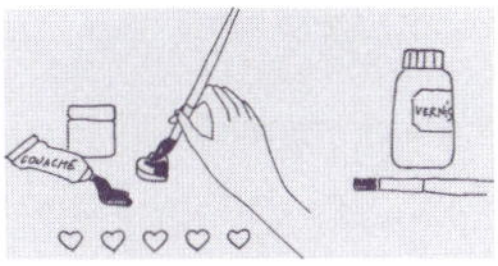
4e étape : la fabrication de l'objet		
– Rouleau à pâtisserie	– Saupoudrer le plan de travail avec de la farine – Étendre la pâte avec un rouleau à pâtisserie de manière à obtenir une épaisseur de 0,5 à 1 cm	
– Moules	– Mettre la pâte dans le(s) moule(s)	
– Couteau (à bout rond)	– Découper différentes formes (chien, chat ou un cœur !)	
– Rubans	– Pour suspendre l'objet, faire un trou pour y passer un ruban (ex. : le cœur, figure ci-contre)	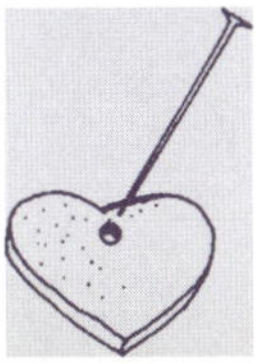

Matériel	Réalisation	Illustrations
5e étape : la cuisson de l'objet[a]		
– Gants isolants – Papier sulfurisé – Grille de refroidissement	– Enfiler les gants – Recouvrir la plaque du four de papier sulfurisé (pour empêcher l'objet de coller) – Poser délicatement les objets sur la plaque – Faire cuire à four doux (thermostat 1/2) pendant 1 heure – Laisser les objets refroidir sur la grille	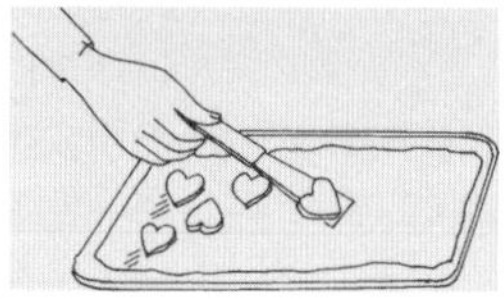
6[e] étape : la décoration de l'objet[b]		
– Papier de verre – Pinceaux – Tubes de gouache (plusieurs couleurs) – Vernis	– Lisser doucement l'objet en pâte avec un morceau de papier de verre – Peindre l'objet avec de la gouache et laisser sécher – Passer du vernis pour protéger l'objet	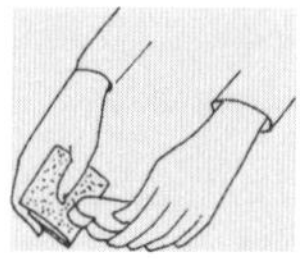

a La cuisson de l'objet est réservée à l'adulte (sécurité).

b Lors de la 6e étape, seule la peinture peut être confiée à l'enfant (tout dépend de l'âge, des capacités et du nombre d'enfants à charge).

Le déroulement de la séance

Le stagiaire veillera au « relationnel » avec l'enfant. Il devra :

- *respecter l'autonomie de l'enfant* : l'enfant apprécie de découvrir, seul. Il procède par « tâtonnements », recommence plusieurs fois le même geste, la même action afin d'en acquérir la maîtrise parfaite. Le stagiaire veillera à respecter ce temps d'apprentissage autonome. Il évitera d'intervenir d'une façon intempestive. Il encouragera l'enfant à terminer l'action commencée ;
- *respecter le rythme de l'enfant* :
  - planifier les temps de repos et de jeux : au cours de l'activité, l'enfant a besoin de « pauses »,
  - respecter le temps d'action de l'enfant, c'est-à-dire ne pas interrompre brutalement l'action de l'enfant (c'est une source de frustration),
  - savoir lui expliquer que la fin de l'activité est proche, ce qui est mieux accepté par l'enfant ;
- *respecter le besoin de sécurité de l'enfant* :
  - créer une ambiance chaleureuse qui sécurise l'enfant,
  - réexpliquer souvent l'activité, être présent,
  - être attentif à son comportement en groupes,
  - veiller à ne pas lui donner d'objets tranchants ;

- *respecter le besoin de s'affirmer de l'enfant* :
  - permettre à l'enfant « d'avoir confiance en soi », lui donner le sentiment qu'il est capable de « faire seul » une expérience. Pour réussir, l'enfant a besoin de se sentir soutenu ; le regard bienveillant et encourageant de l'adulte posé sur lui le gratifie,
  - ne pas marquer de préférences entre les enfants,
  - ne pas valoriser les uns par rapport aux autres...,
  - ne pas développer un esprit de compétition ;
- *respecter le besoin de participer (ou non) de l'enfant* : ne jamais forcer un enfant à participer à une activité. La meilleure façon de favoriser la participation de l'enfant est de choisir une « activité » qu'il apprécie (ou le sujet de l'activité : par exemple pour l'activité pâte à sel, il peut choisir de fabriquer un chat ou un serpent, et il peut même revenir sur son choix initial au cours de l'activité !).

LE SOIN : LE LAVAGE DES MAINS

Nous allons voir successivement la démarche de soins (DDS) qui permet d'analyser la situation et ensuite la réalisation du soin.

A. La démarche de soins (DDS)

Le stagiaire utilise la méthode du QQQOCP pour se questionner :

- *Qui ?* : qui sont les enfants concernés par le soin ?
- *Quoi ?* : quelle est la nature du soin proposé ?
- *Pourquoi ?* : quels objectifs sont visés par le soin ?
- *Quand ?* : à quel moment dois-je effectuer le soin ?
- *Où ?* : à quel endroit dois-je réaliser le soin ?
- *Comment ?* : quels moyens mettre en œuvre pour le réaliser ?

Qui ? Qui sont les enfants concernés par le soin ?

- Le stagiaire va, dans un premier temps, *recueillir des informations* (auprès de l'équipe) afin de mieux connaître les 6 enfants[21] concernés par le soin :
  - leurs prénoms ;
  - leurs âges (4 ans) ;
  - leurs capacités psychomotrices et sensorielles ;
  - leurs besoins fondamentaux particuliers ;
  - leurs habitudes de vie, leur degré de socialisation ;
  - leur autonomie (les enfants ont-ils l'habitude de se laver les mains à la suite des activités ? Y vont-ils spontanément ? etc.).
- Le stagiaire va *analyser les informations* recueillies sur les enfants ; il peut dire que :
  - *sur le plan psychomoteur* : âgés de 4 ans, et habitués au soin, les enfants savent se diriger seuls vers les lavabos. Ils ont une habilité manuelle qui

21 Ici le soin fait suite à l'activité « pâte à sel » avec les mêmes enfants, donc le recueil d'informations n'est donné qu'à titre indicatif.

leur permet de se frotter les mains avec le savon. Toutefois, ils ont tendance à mal se rincer les mains (ils font « vite » !) et à ne se les essuyer qu'incomplètement ;
- *sur le plan relationnel* : les enfants s'expriment correctement, ils aiment imiter l'adulte (imitation difficilement acquise). Ils essayent de respecter les consignes pour faire « plaisir à l'adulte » .

- Le stagiaire va vérifier l'adéquation entre l'activité proposée aux enfants et leurs capacités.

Quoi ? Quelle est la nature du soin ?

Le lavage des mains est un « *soin d'hygiène corporelle* » et participe à l'acquisition de l'autonomie des enfants. Il s'agira d'expliquer aux enfants, outre la technique, tous les intérêts du soin (voir ci-après). Afin que son action soit la plus efficace possible, le stagiaire va se représenter mentalement le déroulement de la séance.

Pourquoi ? Quels sont les objectifs du soin ?

Les objectifs et intérêts du soin sont d'apporter l'*hygiène* (afin d'ôter les salissures et de prévenir l'infection), le *bien-être* et le *confort*. Ce soin est un soin *éducatif* : il s'agit de sensibiliser les enfants dès le plus jeune âge aux *habitudes* de l'hygiène corporelle. Un petit moyen pour leur faire apprécier, de façon concrète, l'un des bénéfices immédiats du soin, c'est de leur dire : « Sentez vos mains... hum... elles sentent bon ! »

Ce soin développe également la précision du geste, car il y a de nombreuses manipulations à faire (régler le débit d'eau, verser le savon, se frotter les mains, se rincer, s'essuyer, etc.)

Quand ? À quel moment pratiquer l'activité ?

Le lavage des mains est proposé ici au groupe d'enfants après l'activité pâte à sel.

Où ? À quel endroit ?

Le stagiaire va diriger les enfants vers les petits lavabos de la salle de bain. Ils sont à la hauteur des enfants (ergonomie) et équipés de flacons de savon liquide et d'essuie-mains suspendus à un crochet.

Comment ? Quels moyens mettre en œuvre ?

Le stagiaire doit vérifier :

- l'état des lieux (l'ordre et la propreté) ;
- l'état du petit matériel : y a-t-il suffisamment de savon liquide dans les flacons ? Les essuie-mains en tissu sont-ils en nombre suffisant ? Sont-ils propres ? (sinon y pourvoir) ;
- l'écoulement de l'eau (par mesure de sécurité) en particulier : pression de l'eau, température.

B. Le soin : le lavage des mains des enfants

La préparation du matériel

Le matériel est en place (lavabo, savon, essuie-mains). Le stagiaire vérifie l'état de celui-ci et sa disponibilité avant d'y conduire les enfants.

L'annonce du soin aux enfants

Le stagiaire doit annoncer le soin aux enfants d'une façon enthousiaste, par exemple : « NOUS allons tous nous laver les mains ». Il est important que l'adulte s'implique dans le soin et effectue les gestes AVEC les enfants. Le lavage des mains est ainsi valorisé !

Le déroulement du soin

Le stagiaire va débuter la séance en demandant aux enfants de « lui montrer le matériel qu'ils utilisent pour se laver les mains », ensuite « ce qu'ils savent faire ». C'est une façon de les motiver et de les stimuler à l'autonomie. Les enfants montrent immédiatement le matériel et se mettent en action.

La séance a (théoriquement) 3 phases, au cours desquelles Le stagiaire veillera au respect des règles d'HSC et surtout au relationnel avec les enfants.

1RE PHASE : LE SAVONNAGE DES MAINS

Le stagiaire demande aux enfants de :

- faire couler « un peu » d'eau, afin de leur apprendre à régler le débit (économie). Le stagiaire fait le geste et rectifie celui des enfants ;
- mettre une noisette de savon liquide au creux de la main (économie). Le stagiaire accompagne les gestes et écoute les commentaires des enfants ;
- se frotter les mains correctement : c'est-à-dire l'une contre l'autre, le creux, la paume, entre les doigts. Le stagiaire veille à féliciter chaque enfant (en le nommant par son prénom). Ainsi cette séquence, qui a toute son importance, sera la plus longue (chaque enfant voulant faire admirer ses talents !)

2E PHASE : LE RINÇAGE ET LE SÉCHAGE DES MAINS

Les enfants vont :

- se rincer les mains sous le jet d'eau claire (leur apprendre à bien les retourner, à sentir l'eau « couler entre les doigts » !) ;
- bien fermer le robinet (apprendre aussi à économiser l'eau !) ;
- s'essuyer les mains, en insistant entre les doigts, et en évitant d'aller trop vite ! ... L'enfant n'apprécie généralement pas cette étape. L'adulte veillera à la lui faire apprécier.

Lorsque la séance est terminée, le stagiaire veille à sécuriser les enfants (ex. : les accompagner vers une éducatrice).

Avant de quitter les enfants, le stagiaire évaluera leur compréhension du message « *éducation à l'hygiène* ».

Il pourra éventuellement leur poser quelques questions. Exemples : « Avez-vous aimé vous laver les mains ? » ; « Pourquoi ? » Puis il ajoutera : « Pourquoi faut-il se laver les mains ? ».

Toutefois l'adulte n'insistera pas, car à la fin du soin les enfants ont déjà l'esprit « ailleurs ! ».

3E PHASE : LE NETTOYAGE ET LE RANGEMENT DU MATÉRIEL

Le stagiaire veillera à laisser les lavabos propres (il pourra les nettoyer avec le produit indiqué par le personnel) et à changer les essuie-mains (s'il y a lieu).

À la suite, le stagiaire fera les transmissions à l'équipe.

SITUATION 6

DESCRIPTION DE LA SITUATION

La halte-garderie « Les petits loups » accueille des enfants de moins de 6 ans. Vous travaillerez avec Fleurine, auxiliaire de puériculture.

ACTIVITÉ(S) SÉLECTIONNÉE(S)

– Animer un *atelier origami* sur le thème des animaux avec 4 enfants de 4-5 ans.
– Raconter une histoire aux 4 enfants à l'aide des animaux réalisés dans l'atelier d'origami.

CORRIGÉS

Le stagiaire va procéder en deux temps :

- 1er temps : animer *l'atelier origami (nous ne le traiterons pas ici)* où les enfants fabriquent des masques d'animaux ;
- 2e temps : raconter une histoire aux enfants à l'aide des animaux réalisés dans l'atelier origami (c'est le loup qui est sélectionné).

LA DÉMARCHE D'ANIMATION (DDA)

Afin d'analyser correctement la situation, le stagiaire utilise la méthode du QQQOCP[22] (nous allons faire parler De stagiaire à la 1re personne).

A. Qui ? Qui sont les enfants concernés par l'animation ?

Pour mieux connaître le groupe d'enfants participant à l'animation, je mets en évidence leurs compétences et habitudes de jeu.

Le recueil d'informations

À l'âge de 4-5 ans, les enfants disposent généralement des compétences requises pour cette activité.

LES COMPÉTENCES

- *Sur le plan psychomoteur*, l'enfant est capable de s'asseoir et de refréner son envie de bouger (socialisation acquise).
- *Sur le plan cognitif*, l'enfant est capable de :
  - se concentrer pendant au moins une dizaine de minutes ;
  - écouter l'autre, comprendre et mémoriser une suite d'événements ;
  - disposer d'un minimum de vocabulaire pour raconter à son tour quelques passages de l'histoire.

22 La formule se retient mieux sous la forme « mnémotechnique » mais le *pourquoi peut se placer au début de la réflexion*. Il peut se placer aussi à tous les niveaux de l'analyse.

- *Sur le plan social*, l'enfant est capable de :
  - participer à une activité en groupe ;
  - comprendre qu'il ne faut pas déranger ses petits camarades pendant l'activité.

LES HABITUDES ET GOÛTS DES ENFANTS POUR LES HISTOIRES

L'auxiliaire de puériculture m'indique l'endroit où sont rangés les livres. Elle me communique les histoires préférées de son groupe. Elle me précise qu'elle a l'habitude de lire des histoires aux enfants. Elle me signale que les enfants :

- apprécient cette activité et y prennent une part active ;
- vont régulièrement dans le coin bibliothèque ;
- iront jouer dans le jardin à la fin de la séance.

L'analyse de la situation

Les enfants disposent théoriquement des capacités exigées. Cependant, j'ai le choix entre deux orientations possibles en fonction du caractère inédit ou non de l'histoire :

- si l'histoire à raconter n'est pas connue des enfants, je sais que les enfants :
  - seront plutôt passifs,
  - vont rarement réagir verbalement. De ce fait, cette situation va stimuler surtout leur imaginaire. Ils auront donc tendance à s'enfoncer dans la rêverie et probablement s'endormir ;
- si les enfants connaissent l'histoire qui leur est proposée, je sais que les enfants :
  - seront très éveillés et auront des réactions vives ;
  - auront tendance à s'exprimer sur les événements ou imiter les personnages.

J'envisage de raconter aux enfants l'histoire du « petit chaperon rouge » car elle est en rapport avec le thème animation de l'activité précédente (où le masque du loup a été fabriqué par les enfants). L'auxiliaire de puériculture me signale que l'histoire du « *petit chaperon rouge* » leur a déjà été racontée et leur plaît. Je peux donc la sélectionner.

B. Quoi ? Quelle est la nature de l'activité ?

Afin de bien maîtriser l'activité, je la reconstruis mentalement : je décris ses caractéristiques et je précise ses intérêts, ses objectifs et ses moyens. Il s'agit de raconter aux enfants une histoire :

- de courte durée ;
- qui a une suite logique avec l'activité précédente ;
- simple donc facile à comprendre :
  - les personnages sont en nombre limité,
  - le vocabulaire et la syntaxe sont accessibles aux enfants ;
- dont le contenu est susceptible de retenir l'attention de l'enfant et de stimuler son imagination.

C. Pourquoi ? Quels sont les intérêts et objectifs de l'activité choisie ?

Cette activité permet à l'enfant de :

- enrichir son vocabulaire et de s'exprimer verbalement ;
- développer son imaginaire et se « donner des émotions » ;

- exercer sa mémoire ;
- jouir d'un moment d'échange avec l'adulte.

D. Quand ? À quel moment l'organiser et où ?

Je prends en compte les consignes données par le personnel de la halte-garderie (date, heure). Je m'assure que l'espace d'accueil répond bien aux règles d'HSCE.

E. Comment ? Quels moyens mettre en œuvre ?

Le savoir-faire

Au cours de mes stages, j'ai acquis une compétence dans l'animation de cette activité :

- je me prépare à l'activité par diverses actions :
  - je parcours le livre préalablement afin d'en maîtriser le contenu,
  - je repère les images afin d'analyser leur conformité avec le texte,
  - les illustrations sont grandes, évocatrices (ça motive les enfants !) ;
- je remémore le ton et la modulation de la voix du bon conteur : je dois être capable de moduler ma voix en fonction des personnages et des événements comiques ou dramatiques ;
- je réfléchis aux moyens permettant de :
  - faire participer les enfants et rendre l'histoire plus attrayante (leur poser des questions),
  - maintenir l'attention du groupe (les regarder constamment).

Le choix du matériel

Je prévois :

- de nombreux coussins pour faire asseoir les enfants confortablement ;
- un livre : « le petit chaperon rouge », illustré avec de grandes images.

Je vérifie l'état des lieux du matériel (respect des règles d'HSC)

- Propreté, ordre.
- Ambiance phonique (calme), thermique.
- Agencement du coin lecture (je prévois de m'asseoir au milieu des enfants).

Je rédige par écrit l'élaboration de mon « plan d'action »

L'ACTIVITÉ : RACONTER UNE HISTOIRE

A. L'aménagement

- J'aménage un coin intimiste à l'aide de « coussins » disposés sur un tapis, je choisis un angle de la pièce qui sert de vestiaire aux enfants.
- Je prends en main le livre du « *petit chaperon rouge* ».

B. La préparation des enfants

Aujourd'hui, il n'y a que des enfants de 4 à 5 ans à la halte-garderie : Lætitia, Gaëlle, Théo et Zhora :

- je leur demande s'ils veulent écouter une histoire en rapport avec leurs créations de masques ;

- Lætitia, Gaëlle et Théo sont d'accord ;
- Zhora n'est pas intéressée par cette activité. Je respecte son choix et je lui propose de participer à une autre activité (avec l'éducatrice de jeunes enfants) ;
- je suggère à Théo d'apporter avec lui le masque de loup.

C. Le déroulement de l'activité

Cette activité se déroule en deux temps.

1er temps : la préparation

- J'installe les enfants confortablement sur les coussins.
- Je m'installe assise en tailleur, en face des enfants.
- Je frappe sur le livre posé sur mes genoux.
- Je récite une «*petite formule d'ouverture*», afin de capter l'intérêt des enfants ; exemple :

> – « Toc, Toc, Toc. Petite histoire es-tu là ?
> – Chut, je sors.
> – Toc, toc, toc, petite histoire es-tu là ?
> – Non, je ne sors pas.
> – Toc, toc, toc, petite histoire es-tu là ?
> – D'accord je sors ! »

- Je rapproche le livre des enfants.
- Je vérifie si tous les enfants voient bien les images.

2e temps : la narration

- J'annonce aux enfants que je vais leur raconter l'histoire du petit chaperon rouge.
- Je leur raconte l'histoire en respectant la progression de l'ouvrage et en m'arrêtant sur chaque image du livre.
- Je vérifie leur compréhension en posant de temps en temps des questions :
  - collectives : « Comment s'appelle la petite fille vêtue avec les habits rouges ? » ;
  - ou individuelles, je demande à Lætitia : « Chez qui doit aller le petit chaperon rouge avec son panier ? ».
- Je veille à ce que tous les enfants prennent la parole :
  - Gaëlle a la parole facile et veut répondre tout le temps ;
  - je lui demande de laisser les autres répondre.
- Quand je pose une question individuelle :
  - j'énonce bien le prénom de l'enfant qui doit répondre ;
  - je le regarde et je l'encourage à parler.
- Je laisse aux enfants le temps de regarder chaque image et je les commente avec eux. Exemple : je leur dis : « Sur cette image on voit le petit chaperon rouge qui porte un panier. Il va chez sa mamie ».
- Je laisse les enfants exprimer leur indignation lorsque la grand-mère est mangée par le loup. Gaëlle dit en tapant sur le coussin : « Méchant loup ! », les autres l'imitent. Je participe à leur indignation.

- Lors du dialogue entre le loup et le petit chaperon rouge, je répète les exclamations de la fillette afin que tous les enfants puissent répondre. Exemple :
  - la fillette dit : « Grand-mère comme vous avez de longues oreilles ! »,
  - le loup-grand-mère dit : « C'est pour mieux t'écouter mon enfant » .
- Théo utilise son masque de loup (ce qui amuse beaucoup le groupe).
- J'essaye de moduler ma voix en fonction des personnages : j'adopte une voix forte pour le loup et plus fluette pour la fillette.
- Je vibre à l'unisson des enfants.
- Nous entamons une chanson improvisée lorsque les chasseurs viennent délivrer le petit chaperon rouge ; exemple : nous chantons : « Hou, hou méchant loup, hou, hou, méchant loup ».
- Nous applaudissons tous en chœur lorsque les chasseurs délivrent la grand-mère qui est toujours vivante.

D. La clôture de l'activité

Lorsque l'histoire est finie :

- je signale aux enfants qu'ils pourront retrouver le livre dans le coin bibliothèque et qu'ils pourront retrouver l'histoire à leur gré ;
- je leur propose ensuite d'aller rejoindre leur auxiliaire de puériculture dans la salle et de participer à une activité motrice (jeu de parcours moteur) ;
- je range le matériel et la salle.

E. Les transmissions

Je fais des transmissions orales à l'auxiliaire de puériculture sur le déroulement de la séance et sur les réactions des enfants.

F. L'auto-évaluation de l'intervention par le stagiaire

Je fais mon auto-évaluation.

Mon attitude au cours de l'activité

- J'ai proposé l'activité au groupe *sans l'imposer* (Zhora a été dirigée vers une autre activité).
- J'ai fait *le lien* avec l'activité précédente.
- J'ai utilisé un *vocabulaire connu* de tous les enfants.
- J'ai illustré mon propos en montrant les images bien distinctement.
- J'ai vérifié la compréhension des enfants en posant des questions collectives et individuelles.
- J'ai permis à tous les enfants de s'exprimer librement en les invitant à imiter les personnages de l'histoire.
- J'ai veillé à ce que chacun des enfants puisse prendre la parole.
- J'ai varié *le ton de ma voix* afin de retenir l'intérêt des enfants ; j'ai imité la grosse voix du loup et la voix fluette du petit chaperon rouge.
- J'ai su conclure l'activité en leur donnant envie de retrouver le livre dans la bibliothèque et en leur proposant une activité motrice (où ils vont pouvoir se défouler).

CHAPITRE

5 Présentation de l'épreuve écrite : prévention, santé, environnement

Épreuve écrite - Durée 1 heure - Notée sur 20 points

L'épreuve écrite de Prévention - Santé - Environnement (P.S.E) comporte deux parties :

- Partie 1 : plusieurs questions sur les modules 1 à 3 du référentiel de Prévention - Santé – Environnement (BO n° 30 du 23/07/2009) :
  – Module 1 : l'individu et sa santé,
  – Module 2 : l'individu dans ses actes de consommation,
  – Module 3 : l'individu dans son parcours professionnel.
- Partie 2 : Analyser une situation professionnelle et expliquer la conduite à tenir dans une situation d'urgence.

Objectifs de l'épreuve

L'épreuve a pour objectif d'évaluer les compétences du candidat à :

- conduire une démarche d'analyse des situations en appliquant la démarche de résolution de problème et/ou l'approche par le risque ;
- mobiliser des connaissances scientifiques, juridiques et économiques ;
- proposer des mesures de prévention adaptées ;
- agir de façon efficace face à une situation d'urgence.

L'évaluation porte notamment sur :

- le respect des étapes de la démarche mise en œuvre ;
- l'exactitude des connaissances ;
- la pertinence des mesures de prévention proposées ;
- l'efficacité de l'action face à une situation d'urgence.

PARTIE

3

EP3
Techniques de services à l'usager

CHAPITRE

6 Comment aborder l'EP3

Organisation à respecter lors des préparations et des collations

Quelques conseils pour vous préparer à l'épreuve.

Organisation à respecter lors des préparations des collations

- Vérifier la poubelle (sac).
- Laver le plan de travail (eau + détergent + lavette jetable).
- Essuyer le plan de travail avec un papier absorbant.
- Laver le plateau des denrées (si nécessaire).
- Se laver les mains.

Prendre les denrées

- Sortir le matériel nécessaire et adapté au volume de chaque aliment (couteau, assiette, bol etc.)
- Effectuer les pesées et les mesures (en suivant les données proposées).
- Respecter le principe de la marche en avant.
- Poser le récipient sur la balance et l'aliment à peser dedans.

Réalisation

- Se relaver les mains.
- Réaliser les préparations en :
  - salissant le moins possible de matériel ;
  - exécutant les différentes opérations dans un ordre logique ;
  - contrôlant le temps de préparation, de cuisson, etc.

Dressage des plats de service

- Vérifier l'assaisonnement du plat avec une cuillère lavée immédiatement.
- Choisir un plat de service approprié (assiette, saladier, ramequin, etc.)

Nettoyage et rangement

Ils doivent être réalisés au fur et à mesure de l'épreuve.

Vaisselle

- Débarrasser les déchets.
- Laver dans un bac avec de l'eau et un détergent.
- Rincer à l'eau chaude courante.
- Essuyer et ranger.

Equipement

- Nettoyer les appareils de cuisson, plan de travail, évier.
- Ranger.
- Vérifier le rangement.

Consignes de sécurité

- Éviter les déplacement inutiles et rapides.
- Aucun déplacement couteau à la main.
- Déposer les couteaux non utilisés dans une assiette.
- Diriger les manches de casseroles vers le plan de travail.

Organisation à respecter lors des techniques d'entretien des locaux et des équipements

Quelques conseils pour vous préparer à l'épreuve.

- Préparer le matériel nécessaire (chariot de ménage, stérilisateur, etc.)
- Lire correctement et attentivement les étiquettes des produits d'entretien (concentration, temps d'action, rinçage, risques éventuels, etc.)
- Lire correctement les modes d'emploi de certains équipements.
- Se protéger si nécessaire (gant, etc.)
- Respecter les consignes de sécurité (électrique, chimique, etc.)

Ne pas oublier de ranger son poste et le matériel lorsque l'épreuve est terminée.

Arrêté du 22 novembre 2007

Finalités et objectif de l'épreuve

Cette épreuve a pour objectif de vérifier les compétences professionnelles et les savoirs associés liés aux activités professionnelles de préparation et de service des collations et des repas, ainsi que l'entretien du cadre de vie dans le contexte familial ou collectif.

Il s'agit de vérifier que le candidat est capable de mettre en œuvre les techniques de services à l'usager en respectant :

- l'hygiène ;
- la sécurité ;
- les principes d'ergonomie et d'économie.

Le candidat devra :

- justifier ses choix technologiques ;
- gérer et remettre en état son poste de travail ;
- contrôler la qualité du travail réalisé.

Contenu

L'épreuve porte sur les compétences terminales :

- C2.3 Gérer un poste de travail
- C3.3 Entretenir les locaux et les équipements
- C3.4 Préparer et servir des collations et des repas
- C3.8 Contrôler la qualité du travail effectué

Et éventuellement sur la compétence C2.4 Gérer les stocks de produits et de matériels.

Et les savoirs associés :

- S3 Nutrition-alimentation
  - S3.2 Caractéristiques de l'appareil digestif du nourrisson et du jeune enfant
  - S3.3 Les sources nutritionnelles : les aliments
    - S3.3.2 Principales propriétés des constituants alimentaires
  - S3.5 Les régimes alimentaires de l'enfant
  - S3.6 Éducation alimentaire de l'enfant
  - S3.7 Contaminations alimentaires
- S4 Technologie
  - S4.3 Technologie de services à l'usager.

Descriptif de l'épreuve EP3

Épreuve pratique et écrite.

Durée : 2 h 30 au maximum.

L'épreuve comporte :

- une partie pratique contenant deux activités :
  - réalisation et présentation d'une préparation culinaire destinée à un repas ou à une collation et service du repas et/ou de la collation,
  - exécution des techniques d'entretien des locaux et des équipements ;
- une partie écrite contenant trois questions portant sur les savoirs associés et liée ou non à la partie pratique.

Le candidat gère en toute autonomie l'organisation de son travail sur le temps de l'épreuve.

CHAPITRE 7 Sujets corrigés

SUJET 1

DURÉE : 2 H 30

Situation : vous travaillez en crèche familiale et vous accueillez à votre domicile du lundi au vendredi de 8h à 18h, 2 enfants : Michel, 9 mois, et Sophie, 2 ans et demi.

1. PARTIE PRATIQUE

QUESTION 1

Vous devez préparer pour le goûter de Sophie des crêpes au sucre.
Liste des denrées nécessaires à la préparation :

Denrées	Quantités	Gamme opératoire
Pâte à crêpes – Lait – Farine – Œuf – Sucre en poudre – Beurre – Huile pour cuisson – Sel fin – Finition : sucre glace	– 25 cL – 80 g – 1 – À disposition – À disposition – À disposition – À disposition – À disposition	– Confectionner la pâte à crêpes – Cuire les crêpes – Sucrer les crêpes – Disposer sur des assiettes individuelles – Saupoudrer de sucre glace

QUESTION 2

Vous devez réaliser la tâche cochée dans la liste ci-dessous :

☐ Effectuer le nettoyage du réfrigérateur
☐ Effectuer le balayage humide
☐ Effectuer le lavage du sol de la cuisine
X Effectuer le nettoyage du placard sous évier

Vous devez :

- analyser la situation ;
- organiser vos tâches et préparer le matériel ;
- remettre en état le poste de travail et le matériel.

2. PARTIE ÉCRITE : SAVOIRS TECHNOLOGIQUES ASSOCIÉS

QUESTION 1

Entourer dans la liste suivante la transformation physico-chimique des protéines lors de la cuisson des œufs :

Dextrinisation du maltose – Réaction de Maillard – Coagulation – Caramélisation

QUESTION 2

Énoncer 2 règles d'une bonne hygiène bucco-dentaire chez l'enfant.

QUESTION 3

Justifier 2 conditions de rangement des produits d'entretien.

CORRIGÉS

1. PARTIE PRATIQUE

Tenue professionnelle :

- blouse (en fonction des collectivités) ;
- cheveux attachés et retenus dans une charlotte ;
- aucun bijou, ni montre.

QUESTION 1

Activités de préparation, présentation et services de repas ou de collations

Préparation : CRÊPES AU SUCRE

Vous devez effectuer un choix correct des denrées et du matériel par rapport à la fiche proposée. Attention à la pesée.

Conditions de travail

Matériel	Méthode	Précautions/remarques
Préparer la pâte		
– Plat creux ou saladier – Fouet	– Tamiser la farine dans un plat creux et ajouter les œufs puis le lait progressivement – Mélanger au fouet les ingrédients.	– Pour ne pas faire de grumeaux adopter la technique du puits – Laver les œufs avant utilisation – Respecter le principe de la marche en avant : le sale ne doit jamais croiser le propre ; c'est à dire que les coquilles seront mises de côté, dans un récipient adapté et jetées à la poubelle immédiatement – Se laver les mains après avoir manipulé les œufs
Cuire les crêpes		

Matériel	Méthode	Précautions/remarques
– Crêpière ou poêle – Louche – Spatule – Assiette – Huile – Papier absorbant	– Huiler la poêle avec le papier absorbant – Verser une louche de pâte – Etaler délicatement, avec la spatule, de manière à obtenir un disque homogène – Cuire quelques instants sur chaque face	– Présenter chaque crêpe pliée en quatre avec un peu de sucre glace sur une assiette individuelle – Attention à ne pas mettre trop de sucre

Critères d'évaluation

- Rangement et disposition rationnelle des espaces (préparer tout ce dont vous avez besoin avant de commencer à travailler).
- Choix correct des denrées et du matériel (attention aux quantités).
- Respect des procédures, des recettes, des règles d'hygiène (tenue professionnelle correcte et propre, lavage des mains, hygiène corporelle), des règles de sécurité, des locaux et des équipements, du temps imparti.
- Mise en œuvre des principes d'économie et d'ergonomie.
- Maîtrise des techniques.
- Conditionnement adapté pour la conservation.
- Organisation du travail et gestion.
- Remise en état du poste de travail.
- Qualités organoleptiques du résultat.

QUESTION 2

Activité de techniques d'entretien des locaux et des équipements

Activité : EFFECTUER L'ENTRETIEN D'UN MEUBLE SOUS ÉVIER

Objectif : enlever les salissures adhérentes et non adhérentes et éliminer les micro-organismes.

Déroulement du travail

Matériel et produits	Méthode	Précautions/remarques
– Chariot de ménage – Lavettes (usage unique) – Gants – Eau chaude – Détergent-désinfectant	– Débarrasser le meuble sous évier – Laver avec un détergent-désinfectant – Rincer (si nécessaire, bien lire l'étiquette du produit) – Essuyer avec une lavette propre pour sécher	– Porter des gants de ménage – Débarrasser les surfaces avant tout nettoyage – Bien lire le mode d'emploi des produits utilisés (la dilution, la température optimale) – Respecter les temps d'action et le rinçage éventuel (voir étiquette du fabricant)

REMARQUE

Si vous ne possédez pas de détergent-désinfectant vous devez utiliser un détergent (laver et rincer) puis un désinfectant (laver, rincer et sécher).

Critères d'évaluation

- Choix correct des matériels, produits et accessoires.
- Respect des procédures, des dosages, des règles d'hygiène et de sécurité, des locaux et des équipements, du temps imparti, de la fréquence des entretiens.
- Mise en œuvre des principes d'économie et d'ergonomie.
- Maîtrise des techniques.
- Organisation du travail et gestion.
- Remise en état du poste de travail.
- Qualité du résultat.

2. PARTIE ÉCRITE : SAVOIRS TECHNOLOGIQUES ASSOCIÉS

QUESTION 1

Coagulation des protéines.

QUESTION 2

- Brossage des dents avec une brosse à dent et un dentifrice adaptés à l'âge de l'enfant.
- Apport de fluor sous contrôle médical.
- Consulter régulièrement un dentiste afin de détecter une carie naissante ou d'autres problèmes.

QUESTION 3

- Tenir hors de portée des enfants, dans un placard fermé à clé afin de respecter la sécurité des enfants et d'éviter les accidents.
- Tenir à l'abri de l'air, de la chaleur, de la lumière et de l'humidité afin d'éviter la décomposition ou la dégradation du produit.
- Fermer hermétiquement les récipients pour éviter les accidents domestiques.
- Ne pas transvaser un produit d'entretien dans un autre flacon afin d'éviter toute confusion et d'éviter une éventuelle intoxication.

SUJET 2

DURÉE : 2 H 30

Situation : vous êtes assistante maternelle agréée et vous accueillez 3 jours par semaine (lundi, mardi et jeudi) de 7h à 17h, 2 enfants : Léon, 8 mois, et Justine, 2 ans. Les mercredis et vendredis de 8h à 16h, vous avez en plus la garde de Coralie, 18 mois. Vous habitez un appartement de type F5 avec une cuisine américaine.

1. PARTIE PRATIQUE

QUESTION 1

Vous devez réaliser une tarte aux pommes pour Justine et Coralie.

Liste des denrées nécessaires à la préparation :

Denrées	Quantités	Gamme opératoire
– Pâte brisée prête à dérouler – Pommes – Compote de pommes – Citron	– 1 – 3 – ½ boîte 4/4 – ½	– Étaler la pâte dans le moule – Éplucher les pommes, les citronner, les couper en tranches fines – Placer la compote dans le fond sur la pâte puis les tranches de pommes par dessus – Faire cuire 25 minutes, thermostat 7 (220 ° C) – Démouler sur une grille

QUESTION 2

Réaliser la tâche cochée dans la liste ci-dessous :

X Procéder au nettoyage et à la désinfection de jouets en matière plastique

☐ Procéder au balayage humide de la salle à manger

☐ Procéder au lavage manuel du sol de la cuisine

☐ Réaliser le repassage de torchons

Vous devez :

- analyser la situation ;
- organiser vos tâches et préparer le matériel ;
- remettre en état le poste de travail et le matériel.

2. PARTIE ÉCRITE : SAVOIRS TECHNOLOGIQUES ASSOCIÉS

QUESTION 1

Indiquer deux modifications physico-chimiques intervenant au cours de la cuisson des pommes.

QUESTION 2

Énoncer deux facteurs qui mettent en valeur les préparations culinaires pour un enfant.

QUESTION 3

Justifier deux conditions de rangement des produits d'entretien.

CORRIGÉS

1. PARTIE PRATIQUE

Tenue professionnelle :

- blouse (en fonction des collectivités) ;
- cheveux attachés et retenus dans une charlotte ;
- aucun bijou, ni montre.

QUESTION 1

Activités de préparation, présentation et services de repas ou de collations

Préparation : TARTE AUX POMMES

Vous devez effectuer un choix correct des denrées et du matériel par rapport à la fiche proposée. Attention à la pesée.

Conditions de travail

Matériel et produits	Moyens mis en œuvre	Précautions/remarques
Étaler la pâte		
– Pâte brisée prête à dérouler – Planche à pâtisserie	– Dérouler la pâte sur la planche à pâtisserie (ou le plan de travail) – Découper un cercle de pâte de diamètre correspondant à celui du moule à tarte (ne pas oublier les bords)	– Laver vos mains avant toute manipulation – Le plan de travail doit au préalable être nettoyé et désinfecté
Foncer les tartes		
– Petit moule à tarte – Beurre – Farine – Fourchette	– Beurrer et fariner légèrement le moule à tarte – Poser la pâte étalée dans le moule – Piquer la pâte	Ne pas mettre trop de beurre ; il est uniquement utilisé pour que la pâte ne colle pas
Éplucher et laver les pommes		
– Couteau économe – Passoire en acier inoxydable	– Éplucher les pommes et les déposer dans une passoire en acier inoxydable – Rincer rapidement les pommes	– Porter des gants à usage unique en cas de plaie – Respecter le principe de la marche en avant : le sale ne doit jamais croiser le propre ; c'est à dire que les épluchures seront mises de côté, dans un récipient adapté et jetées à la poubelle immédiatement
Découper les pommes		
– Couteau d'office – Planche à découper	– Tailler les pommes en fines lamelles – Citronner légèrement les lamelles de pommes	– Couper sur un plan de découpe préalablement nettoyé – Éviter le noircissement des pommes

Matériel et produits	Moyens mis en œuvre	Précautions/remarques
Garnir et cuire la tarte		
– Moule à tarte – Cuillère à soupe – Grille à pâtisserie	– Étaler avec une cuillère la compote de pomme sur le fond de tarte – Poser les lamelles de pommes citronnées en réalisant un décor – Enfourner sur la grille du four thermostat 7 (220 ° C) pendant 25 minutes environ – Surveiller la cuisson – Démouler sur une grille à pâtisserie	– Présenter joliment les pommes afin de satisfaire le plaisir des yeux de l'enfant – Permettre à la tarte de refroidir en laissant la vapeur d'eau s'évaporer.
Présenter		
Assiettes	Présenter une part de tarte sur des assiettes individuelles	Soigner la présentation

Critères d'évaluation

- Rangement et disposition rationnelle des espaces (préparer tout ce dont vous avez besoin avant de commencer à travailler).
- Choix correct des denrées et du matériel (attention aux quantités).
- Respect des procédures, des recettes, des règles d'hygiène (tenue professionnelle correcte et propre, lavage des mains, hygiène corporelle), des règles de sécurité, des locaux et des équipements, du temps imparti.
- Mise en œuvre des principes d'économie et d'ergonomie.
- Maîtrise des techniques.
- Conditionnement adapté pour la conservation.
- Organisation du travail et gestion.
- Remise en état du poste de travail.
- Qualités organoleptiques du résultat.

QUESTION 2

Activité de techniques d'entretien des locaux et des équipements.

Activité : NETTOYER ET DÉSINFECTER DES JOUETS EN MATIÈRE PLASTIQUE

Objectif : enlever les salissures adhérentes et non adhérentes et éliminer les micro-organismes.

Déroulement du travail

Matériel et produits	Méthode	Précautions/remarques
Nettoyer les jouets		
– Lavettes (usage unique) – Gants – Eau chaude – Détergent-désinfectant	– Laver avec un détergent-désinfectant les jouets en plastique – Rincer – Essuyer avec une lavette propre pour sécher	– Porter des gants de ménage – Utiliser un détergent-désinfectant compatible avec un usage alimentaire – Bien lire le mode d'emploi des produits utilisés (la dilution, la température optimale) – Respecter les temps d'action et le rinçage éventuel (voir étiquette du fabricant)

Critères d'évaluation

- Choix correct des matériels, produits et accessoires.
- Respect des procédures, des dosages, des règles d'hygiène et de sécurité, des locaux et des équipements, du temps imparti, de la fréquence des entretiens.
- Mise en œuvre des principes d'économie et d'ergonomie.
- Maîtrise des techniques.
- Organisation du travail et gestion.
- Remise en état du poste de travail.
- Qualité du résultat.

2. PARTIE ÉCRITE : SAVOIRS TECHNOLOGIQUES ASSOCIÉS

QUESTION 1

- Les fibres alimentaires cuites se ramollissent.
- Perte des vitamines et des minéraux.

QUESTION 2

- La décoration.
- La couleur des aliments.
- La présentation de l'assiette.
- La bonne température du plat.

QUESTION 3

- Tenir hors de portée des enfants, dans un placard fermé à clé afin de respecter la sécurité des enfants et d'éviter les accidents.
- Tenir à l'abri de l'air, de la chaleur, de la lumière et de l'humidité afin d'éviter la décomposition ou la dégradation du produit.
- Fermer hermétiquement les récipients pour éviter les accidents domestiques.
- Ne pas transvaser un produit d'entretien dans un autre flacon afin d'éviter toute confusion et une éventuelle intoxication.

SUJET 3

DURÉE : 2 H 30

Situation : vous êtes assistant(e) maternel(le) au domicile des parents.
Vous vous occupez de trois enfants : Arthur, 3 ans, Mélissa, 12 mois, et Jaffar, 18 mois.
Arthur se plaint de douleurs dentaires.

1. PARTIE PRATIQUE

QUESTION 1

Vous devez préparer pour le repas de midi une compote de pommes.
Liste des denrées nécessaires à la préparation :

Denrées	Quantités	Gamme opératoire
– Pommes – Sucre – Eau	– 500 g – À disposition – À disposition	– Laver les pommes, les éplucher et les couper grossièrement – Faire cuire les pommes dans un fond d'eau – Passer la préparation au moulin à légumes ou au mixer – Sucrer si nécessaire – Présenter

QUESTION 2

Réaliser la tâche cochée dans la liste ci-dessous :

X Effectuer le nettoyage du réfrigérateur
☐ Effectuer le balayage humide du sol de la cuisine
☐ Effectuer le lavage du sol de la cuisine
☐ Effectuer le nettoyage du placard sous évier

Vous devez :

- analyser la situation ;
- organiser vos tâches et préparer le matériel ;
- remettre en état le poste de travail et le matériel.

2. PARTIE ÉCRITE : SAVOIRS TECHNOLOGIQUES ASSOCIÉS

QUESTION 1

Énoncer trois facteurs responsables de la carie dentaire.

QUESTION 2

Énoncer deux règles d'hygiène bucco-dentaire.

QUESTION 3

Indiquer trois règles de sécurité à respecter pour le rangement et l'utilisation des produits d'entretien.

CORRIGÉS

1. PARTIE PRATIQUE

Tenue professionnelle :

- blouse (en fonction des collectivités) ;
- cheveux attachés et retenus dans une charlotte ;
- aucun bijou, ni montre.

QUESTION 1

Activités de préparation, présentation et services de repas ou de collations
Préparation : COMPOTE DE POMMES

Vous devez effectuer un choix correct des denrées et du matériel par rapport à la fiche proposée. Attention à la pesée.

Conditions de travail

Matériel	Méthode	Précautions/remarques
Éplucher et laver les pommes		
– Couteau économe – Passoire en acier inoxydable	– Laver les pommes – Éplucher les pommes et les déposer dans une passoire propre – Rincer rapidement les pommes	– Porter des gants à usage unique en cas de plaie – Respecter le principe de la marche en avant : le sale ne doit jamais croiser le propre ; c'est à dire que les épluchures seront mises de côté, dans un récipient adapté et jetées à la poubelle immédiatement
Découper des pommes		
– Couteau – Planche à découper	– Tailler les pommes en morceaux de taille moyenne	– Couper sur un plan de découpe préalablement nettoyé
Cuire		
– Casserole	– Poser les pommes dans la casserole – Ajouter un peu d'eau	– Débuter la cuisson à froid – Cuire jusqu'à ce que les pommes soient translucides
Mixer		
– Mixeur (ou moulin à légumes)	– Mettre les pommes cuites dans le récipient du mixeur (ou dans le moulin à légumes) – Suivre les consignes du fabricant pour le fonctionnement de l'appareil	– Se sécher les mains pour mettre l'appareil sous tension et hors tension.
Présenter		
– Ramequins individuels – Cuillère – Sucre	– Sucrer légèrement (si nécessaire) la compote – Mettre la compote dans les ramequins	– Remplir proprement le ramequin – Ajouter éventuellement un zeste de citron afin de décorer et de développer le plaisir de l'enfant

Critères d'évaluation

- Rangement et disposition rationnelle des espaces (préparer tout ce dont vous avez besoin avant de commencer à travailler).
- Choix correct des denrées et du matériel (attention aux quantités).
- Respect des procédures, des recettes, des règles d'hygiène (tenue professionnelle correcte et propre, lavage des mains, hygiène corporelle), des règles de sécurité, des locaux et des équipements, du temps imparti.
- Mise en œuvre des principes d'économie et d'ergonomie.

- Maîtrise des techniques.
- Conditionnement adapté pour la conservation.
- Organisation du travail et gestion.
- Remise en état du poste de travail.
- Qualités organoleptiques du résultat.

QUESTION 2

Activité de techniques d'entretien des locaux et des équipements

Activité : NETTOYER ET DÉSINFECTER L'INTÉRIEUR D'UN RÉFRIGÉRATEUR

Objectif : enlever les salissures adhérentes et non adhérentes et détruire les bactéries présentes.

Déroulement du travail

Matériel et produits	Méthode	Précautions/remarques
Nettoyer le réfrigérateur		
– Lavettes (usage unique) – Gants – Eau chaude – Détergent-désinfectant – Papier essuie-tout	– Vider le réfrigérateur – Le mettre hors tension – Démonter les pièces détachables (étagères, bacs, compartiments) – Étaler la solution détergente désinfectante sur les parois intérieures du réfrigérateur – Laisser agir 5 à 10 minutes (suivant les consignes du fabricant) – Pendant ce temps, faire tremper les accessoires – Rincer les parois intérieures avec une lavette propre – Essuyer avec une lavette propre (ou du papier essuie-tout) pour sécher – Rincer et essuyer les accessoires – Remettre les accessoires en place – Laver, rincer et essuyer les parois extérieures – Remettre l'appareil en service – Ranger les produits alimentaires en respectant les zones de froid	– Conserver les denrées périssables dans un autre réfrigérateur ou dans une glacière – Porter des gants de ménage – Utiliser un détergent-désinfectant compatible avec un usage alimentaire – Bien lire le mode d'emploi des produits utilisés (la dilution, la température optimale) – Respecter les temps d'action et le rinçage éventuel (voir étiquette du fabricant) – Se sécher les mains pour mettre l'appareil hors et sous tension

Critères d'évaluation

- Choix correct des matériels, produits et accessoires.
- Respect des procédures, des dosages, des règles d'hygiène et de sécurité, des locaux et des équipements, du temps imparti, de la fréquence des entretiens.
- Mise en œuvre des principes d'économie et d'ergonomie.
- Maîtrise des techniques.
- Organisation du travail et gestion.
- Remise en état du poste de travail.
- Qualité du résultat.

2. PARTIE ÉCRITE : SAVOIRS TECHNOLOGIQUES ASSOCIÉS

QUESTION 1

- Consommation excessive de produits sucrés.
- Mauvaise hygiène dentaire (absence de brossage des dents).
- Consommation de produits acides qui contribuent à la déminéralisation de la surface de l'émail.

QUESTION 2

- Se brosser les dents après chaque repas avec une brosse à dent et un dentifrice adaptés.
- Aller chez le dentiste une à deux fois par an afin de détecter une carie naissante ou d'autres problèmes.

QUESTION 3

- Ranger hors de portée des enfants, dans un placard fermé à clé afin de respecter la sécurité des enfants et d'éviter les accidents.
- Conserver à l'abri de l'air, de la chaleur, de la lumière et de l'humidité afin d'éviter la décomposition ou la dégradation du produit.
- Porter des gants lors de toute manipulation.
- Ne pas mélanger deux produits d'entretien afin d'éviter la production de vapeurs toxiques.

SUJET 4

DURÉE : 2 H 30

Situation : vous êtes assistante maternelle agréée. Vous accueillez deux enfants : Juliana, 2 ans et demi, et Hans, 2 ans, sur une amplitude horaire de 8h à 18h.
Aujourd'hui, Hans est amené à 8h par sa maman qui vous précise qu'il a la diarrhée et que le médecin a recommandé un régime adapté.
Juliana est déposée par son papa à 8h 30.

1. PARTIE PRATIQUE

QUESTION 1

Vous devez préparer une purée de carottes et la présenter pour le repas des enfants.
Liste des denrées nécessaires à la préparation :

Denrées	Quantités	Gamme opératoire
– Carottes – Pommes de terre – Lait – Sel – Beurre	– 150 g – 150 g – À disposition – À disposition – À disposition	– Laver les légumes et les éplucher – Les couper grossièrement – Les faire cuire dans l'eau salée – Les écraser – Ajouter du lait et du beurre si besoin – Présenter

QUESTION 2

Réaliser la tâche cochée dans la liste ci-dessous :

☐ Réaliser le nettoyage d'un four micro-ondes pendant la sieste des enfants
X Procéder au nettoyage de la table et des chaises après le repas
☐ Laver le sol de la cuisine

Vous devez :

- analyser la situation ;
- organiser vos tâches et préparer le matériel ;
- remettre en état le poste de travail et le matériel.

2. PARTIE ÉCRITE : SAVOIRS TECHNOLOGIQUES ASSOCIÉS

QUESTION 1

Énoncer deux dysfonctionnements de l'appareil digestif autres que la diarrhée.

QUESTION 2

Indiquer deux précautions alimentaires à respecter en cas de diarrhée.

QUESTION 3

Indiquer deux règles de sécurité à respecter pour le rangement des produits d'entretien.

CORRIGÉS

1. PARTIE PRATIQUE

Tenue professionnelle :

- blouse (en fonction des collectivités) ;
- cheveux attachés et retenus dans une charlotte ;
- aucun bijou, ni montre.

QUESTION 1

Activité de préparation, présentation et services de repas ou de collations

Préparation : PURÉE DE CAROTTES

Vous devez effectuer un choix correct des denrées et du matériel par rapport à la fiche proposée. Attention à la pesée.

Conditions de travail

Matériel	Méthode	Précautions/remarques
Éplucher et laver les carottes et les pommes de terre		
– Couteau économe – Bac propre	– Laver les légumes dans un bac propre – Éplucher les carottes et les pommes de terre et les déposer dans un bac propre – Rincer rapidement les légumes en changeant deux ou trois fois l'eau de rinçage	– Porter des gants à usage unique en cas de plaie – Respecter le principe de la marche en avant : le sale ne doit jamais croiser le propre ; c'est à dire que les épluchures seront mises de côté, dans un récipient adapté et jetées à la poubelle immédiatement
Découper des légumes		
– Couteau – Planche à découper	– Tailler les carottes et les pommes de terre en morceaux de taille moyenne	– Couper sur un plan de découpe préalablement nettoyé
Cuire		
– Autocuiseur ou marmite à cuisson vapeur	– Mettre de l'eau au fond de l'autocuiseur – Poser les carottes et les pommes de terre dans le panier de l'autocuiseur	– Bien fermer l'autocuiseur – Débuter la cuisson à froid – Cuire environ 10 minutes à partir du sifflement de la soupape (bien lire le mode d'emploi avant de se servir d'un autocuiseur, chaque fabricant ayant ses particularités)
Écraser et assaisonner		
– Mixeur ou moulin à légumes – Lait (quelques cuillères) – Beurre – Sel	– Mettre les carottes et les pommes de terre cuites dans le mixeur – Suivre les consignes du fabricant pour le fonctionnement de l'appareil – Ajouter un peu de lait chaud (si nécessaire) et une noisette de beurre – Bien mélanger – Saler légèrement la purée	– Se sécher les mains pour mettre l'appareil sous tension et hors tension – Ne pas mettre trop de lait afin que la purée ne soit pas trop liquide (mais pas trop solide non plus) – L'assaisonnement doit être discret ; attention à ne pas mettre trop de sel pour les enfants
Présenter		
– Légumier ou ramequins	– Mettre la purée dans un plat adapté, légumier ou ramequin	– Remplir proprement les récipients

Critères d'évaluation

- Rangement et disposition rationnelle des espaces (préparer tout ce dont vous avez besoin avant de commencer à travailler).
- Choix correct des denrées et du matériel (attention aux quantités).
- Respect des procédures, des recettes, des règles d'hygiène (tenue professionnelle correcte et propre, lavage des mains, hygiène corporelle), des règles de sécurité, des locaux et des équipements, du temps imparti.
- Mise en œuvre des principes d'économie et d'ergonomie.
- Maîtrise des techniques.
- Conditionnement adapté pour la conservation.
- Organisation du travail et gestion.

- Remise en état du poste de travail.
- Qualités organoleptiques du résultat.

QUESTION 2

Activité de techniques d'entretien des locaux et des équipements
Activité : ENTRETIEN DE LA TABLE ET DES CHAISES D'ENFANT APRÈS LE REPAS
Objectif : enlever les salissures adhérentes et non adhérentes.

Conditions de travail

Matériel et produits	Méthode	Précautions/remarques
– Chariot de ménage – Pulvérisateur – Lavettes (usage unique) – Gants – Eau chaude – Détergent-désinfectant – Papier essuie-tout	– Débarrasser les tables – Enlever les débris alimentaires avec une lavette – Laver les surfaces, avec une lavette propre, par bandes parallèles et détourage (il ne faut jamais passer deux fois au même endroit et il faut toujours aller de l'avant) – Laisser agir le produit – Rincer (si nécessaire, bien lire l'étiquette du produit) – Essuyer avec une lavette propre (ou du papier essuie-tout) pour sécher	– Porter des gants de ménage – Débarrasser les surfaces avant tout nettoyage – Bien lire le mode d'emploi des produits utilisés (la dilution, la température optimale) – Respecter les temps d'action et le rinçage éventuel (voir étiquette du fabricant) – Respecter les règles d'ergonomie pendant le travail

REMARQUE

Si vous ne possédez pas de détergent-désinfectant, vous devez utiliser un détergent (laver et rincer) puis un désinfectant (laver, rincer et sécher).

Critères d'évaluation

- Choix correct des matériels, produits et accessoires.
- Respect des procédures, des dosages, des règles d'hygiène et de sécurité, des locaux et des équipements, du temps imparti, de la fréquence des entretiens.
- Mise en œuvre des principes d'économie et d'ergonomie.
- Maîtrise des techniques.
- Organisation du travail et gestion.
- Remise en état du poste de travail.
- Qualité du résultat.

2. PARTIE ÉCRITE : SAVOIRS TECHNOLOGIQUES ASSOCIÉS

QUESTION 1

- La constipation.
- Les vomissements.

QUESTION 2

- Hydrater l'enfant avec de l'eau (ou une solution de réhydratation si nécessaire).
- Donner des aliments qui ralentissent le transit (riz, banane, carottes, coing, compote de pomme, etc.), éviter le lait et les laitages ainsi que les fruits et légumes.

QUESTION 3

- Ranger hors de portée des enfants, dans un placard fermé à clé afin de respecter la sécurité des enfants et d'éviter les accidents.
- Conserver à l'abri de l'air, de la chaleur, de la lumière et de l'humidité afin d'éviter la décomposition ou la dégradation du produit.

SUJET 5

DURÉE : 2 H 30

Situation : vous êtes assistante maternelle à domicile. Vous gardez Victoria, 3 ans, et Hugo, 5 ans.

1. PARTIE PRATIQUE

QUESTION 1

Vous devez préparer des cookies au chocolat pour les deux enfants.
Liste des denrées nécessaires à la préparation :

Denrées	Quantités	Gamme opératoire
– Œuf – Sucre en poudre – Farine – Levure – Sucre vanillé – Poudre d'amande ou de noix de coco (au choix) – Pépites de chocolat	– 1 – 75 g – 100 g – 1 c. à café – 1 sachet – 50 g – 100 g	– Mélanger le sucre et le beurre fondu énergiquement avec le fouet – Incorporer l'œuf – Ajouter la farine, la levure, la poudre d'amande (ou de noix de coco), le sucre vanillé et les pépites de chocolat – Former des boules de pâte et les déposer espacées sur la plaque de cuisson recouverte de papier sulfurisé – Écraser avec la paume de la main pour former des disques légèrement bombés – Faire cuire au four à 200 ° C durant 10 min – Décoller les cookies et les présenter dans un plat de service

■ **QUESTION 2**

Réaliser la tâche cochée dans la liste ci-dessous :

X Repasser une tenue d'enfant

☐ Nettoyer un four à micro-ondes

☐ Laver le sol

☐ Nettoyer une chaise haute

Vous devez :

- analyser la situation ;
- organiser vos tâches et préparer le matériel ;
- remettre en état le poste de travail et le matériel.

2. PARTIE ÉCRITE : SAVOIRS TECHNOLOGIQUES ASSOCIÉS

■ **QUESTION 1**

Indiquer comment mettre en valeur une préparation culinaire destinée à un enfant (2 réponses attendues).

■ **QUESTION 2**

Citer deux règles d'hygiène bucco-dentaire.

■ **QUESTION 3**

Indiquer deux mesures de sécurité pour l'utilisation du fer à repasser.

CORRIGÉS

1. PARTIE PRATIQUE

Tenue professionnelle :

- blouse (en fonction des collectivités) ;
- cheveux attachés et retenus dans une charlotte ;
- aucun bijou, ni montre.

■ **QUESTION 1**

Activité de préparation, présentation et services de repas ou de collations

Préparation : COOKIES AUX PÉPITES DE CHOCOLAT

Vous devez effectuer un choix correct des denrées et du matériel par rapport à la fiche proposée. Attention à la pesée.

Conditions de travail

Matériel	Méthode	Précautions/remarques
Préparer la pâte		
– Bol – Saladier – Fouet	– Mettre le beurre dans un bol et le faire fondre au four à micro-ondes quelques secondes – Mettre le sucre dans un grand récipient (saladier) – Ajouter le beurre fondu sur le sucre – Fouetter énergiquement le beurre fondu avec le sucre – Incorporer l'œuf entier – Ajouter la farine, la levure, la poudre d'amande (ou de noix de coco), le sucre vanillé – Mélanger jusqu'à l'obtention d'une pâte homogène – Ajouter les pépites de chocolat et remuer délicatement	– Porter des gants à usage unique en cas de plaie – Respecter le principe de la marche en avant : le sale ne doit jamais croiser le propre ; c'est à dire que les coquilles seront mises de côté, dans un récipient adapté et jetées à la poubelle immédiatement – Se laver les mains après avoir touché l'œuf
Disposer la pâte		
– Plaque de cuisson – Papier sulfurisé – Cuillère	– Poser le papier sulfurisé sur la plaque de cuisson – Prélever, avec la cuillère, une boule de pâte (de la taille d'une grosse noix) – Déposer chaque boule sur le papier sulfurisé recouvrant la plaque de cuisson – Espacer les boules de pâtecuisson – Écraser avec la paume de la main pour former des disques légèrement bombés	– Le papier sulfurisé doit faire la même taille que la plaque – Se laver les mains avant de toucher la pâte
Cuire		
– Four	– Préchauffer le four pendant environ 10 minutes à 200° C – Poser la plaque de cuisson (avec les boules de pâte) dans le four – Laisser cuire environ 10 minutes à 200° C – Surveiller la cuisson	Lire le mode d'emploi avant de se servir du four ;
Présenter		
– Spatule en bois – Plat de service	– Décoller les cookies avec une spatule en bois – Déposer les cookies sur un plat de service	– Les déposer avec harmonie

Critères d'évaluation

- Rangement et disposition rationnelle des espaces (préparer tout ce dont vous avez besoin avant de commencer à travailler).
- Choix correct des denrées et du matériel (attention aux quantités).
- Respect des procédures, des recettes, des règles d'hygiène (tenue professionnelle correcte et propre, lavage des mains, hygiène corporelle), des règles de sécurité, des locaux et des équipements, du temps imparti.
- Mise en œuvre des principes d'économie et d'ergonomie.
- Maîtrise des techniques.
- Conditionnement adapté pour la conservation.
- Organisation du travail et gestion.
- Remise en état du poste de travail.
- Qualités organoleptiques du résultat.

QUESTION 2

Activité de techniques d'entretien des locaux et des équipements
Activité : REPASSER UNE TENUE D'ENFANT

Objectif : défroisser le linge, désinfecter le linge et faciliter son rangement.

Conditions de travail

Matériel et produits	Méthode	Précautions/remarques
– Table à repasser – Fer à repasser à vapeur – Panier (ou plan de travail)	– Trier le linge en fonction de la nature du textile – Remplir le fer à repasser d'eau non calcaire – Mettre le fer sous tension – Choisir le thermostat adapté à la température du textile à repasser – Poser le linge sur l'envers, à plat, lisière devant soi – Repasser sur l'envers – Commencer par les détails (cols, poignets) – Repasser les grandes surfaces – Plier le linge de façon adaptée – Mettre le fer hors tension – Vider l'eau restant dans le fer – Laisser refroidir le fer avant de le ranger	– Lire les étiquettes concernant la nature du textile à repasser – Ne pas faire couler d'eau sur le fer – Se sécher les mains avant de mettre le fer sous tension – Lire les codes d'entretien (repassage interdit, doux, moyen, fort) – Plier chaque vêtement selon un modèle afin de faciliter l'entreposage du linge

Critères d'évaluation

- Choix correct des matériels, produits et accessoires.
- Respect des procédures, des dosages, des règles d'hygiène et de sécurité, des locaux et des équipements, du temps imparti, de la fréquence des entretiens.
- Mise en œuvre des principes d'économie et d'ergonomie.
- Maîtrise des techniques.
- Organisation du travail et gestion.
- Remise en état du poste de travail.
- Qualité du résultat.

2. PARTIE ÉCRITE : SAVOIRS TECHNOLOGIQUES ASSOCIÉS

QUESTION 1

- Varier les couleurs afin de rendre la vision du plat attractive pour l'enfant (ex. : légumes de couleurs différentes : petits pois, carottes, etc.)
- Présenter les aliments dans l'assiette (ou le plat de service) de manière à attirer le regard de l'enfant (ex. : forme de chat, de maison, de fleur, etc.)
- Décorer la table, soigner la présentation de l'assiette.

QUESTION 2

- Se laver les dents au moins deux fois par jour (voire après chaque repas).
- Éviter la consommation excessive de sucre.
- Choisir une brosse à dent et un dentifrice adaptés.
- Respecter les règles et le temps de brossage.
- Etc.

QUESTION 3

- Mettre le fer à repasser hors tension lorsque l'utilisation est terminée.
- Ne pas faire couler d'eau à l'extérieur du fer (risque de court-circuit).
- Mettre le fer hors tension lorsque vous devez le remplir au cours du repassage.
- Ranger le fer encore chaud (après mise hors tension) dans un endroit adapté (loin de matériaux inflammables).
- Ranger le fer dès qu'il est froid.

SUJET 6

DURÉE : 2 H 30

Situation : vous êtes assistante maternelle agréée et vous accueillez du lundi au vendredi de 8h à 18h 3 enfants : Marie, 4 mois, Valentin, 2 ans, Arthur, 2 ans et demi. Vous habitez un appartement de type F4.

1. PARTIE PRATIQUE

QUESTION 1

Vous devez préparer pour le goûter, de la semoule au lait et la présenter à Valentin et Arthur.

Liste des denrées nécessaires à la préparation :

Denrées	Quantités	Gamme opératoire
– Semoule Lait – Sucre	– 20 g ¼ de litre – 25 g	– Porter le lait à ébullition Verser la semoule en pluie dans le lait – Cuire environ 8 minutes en remuant – Ajouter le sucre – Verser dans les ramequins – Présenter l'entremets

QUESTION 2

Réaliser la tâche cochée dans la liste ci-dessous :

X Stériliser à froid le biberon de Marie

☐ Repasser et plier 2 torchons

☐ Nettoyer l'enceinte du réfrigérateur

Vous devez :

- analyser la situation ;
- organiser vos tâches et préparer le matériel ;
- remettre en état le poste de travail et le matériel.

2. PARTIE ÉCRITE : SAVOIRS TECHNOLOGIQUES ASSOCIÉS

QUESTION 1

Énoncer trois facteurs responsables de la carie dentaire.

QUESTION 2

Énoncer trois règles de bonne hygiène bucco-dentaire pour éviter les caries chez l'enfant.

QUESTION 3

Indiquer trois conditions d'emploi du produit pour la stérilisation du biberon.

CORRIGÉS

1. PARTIE PRATIQUE

Tenue professionnelle :

- blouse (en fonction des collectivités) ;
- cheveux attachés et retenus dans une charlotte ;
- aucun bijou, ni montre.

QUESTION 1

Activité de préparation, présentation et services de repas ou de collations

Préparation : SEMOULE AU LAIT

Vous devez effectuer un choix correct des denrées et du matériel par rapport à la fiche proposée. Attention à la pesée.

Conditions de travail

Matériel	Méthode	Précautions/remarques
Préparer la semoule		
– Casserole	– Mettre le lait dans une casserole – Porter le lait à ébullition sur feu vif – Verser la semoule en pluie dans le lait bouillant – Cuire environ 8 minutes sur feu doux sans cesser de remuer – Ajouter le sucre et mélanger encore quelques secondes sur feux doux	– Porter des gants à usage unique en cas de plaie – Surveiller l'ébullition du lait afin qu'il ne se répande pas sur la plaque de cuisson – Attention à ne pas faire brûler le fond de la casserole
Présenter		
– Ramequins – Fruit au sirop	– Verser la semoule dans des ramequins – Laisser refroidir – Décorer avec une lamelle de fruit au sirop (ou autre)	– Remplir les ramequins proprement – Décorer avec un coulis de fruit ou un morceaux de fruit au sirop ou un zeste de citron afin d'éveiller les sens de l'enfant

Critères d'évaluation

- Rangement et disposition rationnelle des espaces (préparer tout ce dont vous avez besoin avant de commencer à travailler).
- Choix correct des denrées et du matériel (attention aux quantités).
- Respect des procédures, des recettes, des règles d'hygiène (tenue professionnelle correcte et propre, lavage des mains, hygiène corporelle), des règles de sécurité, des locaux et des équipements, du temps imparti.
- Mise en œuvre des principes d'économie et d'ergonomie.
- Maîtrise des techniques.
- Conditionnement adapté pour la conservation.
- Organisation du travail et gestion.
- Remise en état du poste de travail.
- Qualités organoleptiques du résultat.

QUESTION 2

Activité de techniques d'entretien des locaux et des équipements

Activité : STÉRILISER À FROID LE BIBERON DE MARIE

Objectif : éviter l'apport microbien sur le matériel de biberonnerie.

Conditions de travail

Matériel et produits	Méthode	Précautions/remarques
Désinfecter les biberons à froid		
– Appareil de désinfection à froid – Pastille ou liquide désinfectant (spécifique pour les biberons)	– Remplir le bac d'eau jusqu'au niveau indiqué – Ajouter le produit décontaminant (pastille ou comprimé) – Plonger les biberons dans la solution, goulet vers le haut, en les inclinant pour qu'ils se remplissent peu à peu – Ajouter les bagues et les tétines – Placer la grille par dessus pour maintenir le tout en immersion – Laisser au moins 30 minutes	– La désinfection (ou décontamination des biberons) nécessite un nettoyage préalable : • rinçage du biberon à l'eau froide immédiatement après le repas • savonnage et brossage dans l'eau chaude savonneuse avec un écouvillon • rinçage à l'eau chaude courante – Avant toute utilisation, le bac doit être soigneusement nettoyé – La solution doit être renouvelée toutes les 24 heures – Noter le jour et l'heure de la préparation de cette solution afin de ne pas dépasser le temps d'efficacité de la solution – Le goût chloré n'est pas nocif pour le bébé mais il nécessite parfois un rinçage à l'eau minérale

Critères d'évaluation

- Choix correct des matériels, produits et accessoires.
- Respect des procédures, des dosages, des règles d'hygiène et de sécurité, des locaux et des équipements, du temps imparti, de la fréquence des entretiens.
- Mise en œuvre des principes d'économie et d'ergonomie.
- Maîtrise des techniques.
- Organisation du travail et gestion.
- Remise en état du poste de travail.
- Qualité du résultat.

2. PARTIE ÉCRITE : SAVOIRS TECHNOLOGIQUES ASSOCIÉS

QUESTION 1

- Consommation excessive de produits sucrés.
- Absence de brossage des dents.
- Irrégularité du brossage des dents.
- Consommation excessive de produit acide (qui favorise l'attaque de l'émail dentaire).
- Absence de visite chez le dentiste (qui pourrait déceler une carie précoce).

QUESTION 2

- Se laver les dents au moins deux fois par jour (voire après chaque repas).
- Éviter la consommation excessive de sucre.
- Choisir une brosse à dent et un dentifrice adaptés à l'âge de l'enfant.
- Respecter les règles et le temps de brossage.

QUESTION 3

- Respecter le dosage de l'eau.
- Respecter le dosage du produit.
- Respecter le temps d'action.

SUJET 7

DURÉE : 2 H 30

Situation : vous êtes assistante maternelle agréée. Vous accueillez du lundi au vendredi de 9h à 19h, 2 enfants : Maxime et Inès, 2 ans. Vous habitez un pavillon de type F4 de plain-pied.

1. PARTIE PRATIQUE

QUESTION 1

Vous devez préparer pour le goûter une salade de fruits et la présenter à Maxime et Inès.
Liste des denrées nécessaires à la préparation :

Denrées	Quantités	Gamme opératoire
– Pomme – Orange – Banane – Citron – Sucre	– ½ – ½ – ½ – ½ – À disposition	– Nettoyer les fruits – Les éplucher – Mettre du citron – Tailler les fruits en petits dés – Préparer le sirop en chauffant un peu d'eau et ajouter le sucre – Verser le sirop sur les fruits coupés en dés dans un ramequin de service – Présenter la salade de fruits

QUESTION 2

Réaliser la tâche cochée dans la liste ci-dessous :

☐ Procéder au nettoyage et à la désinfection d'un lot de jouets

X Nettoyer le meuble sous évier

☐ Nettoyer l'enceinte du réfrigérateur

Vous devez :

- analyser la situation ;
- organiser vos tâches et préparer le matériel ;
- remettre en état le poste de travail et le matériel.

2. PARTIE ÉCRITE : SAVOIRS TECHNOLOGIQUES ASSOCIÉS

QUESTION 1

Indiquer deux précautions à prendre lors de la préparation des fruits pour limiter les pertes nutritionnelles.

QUESTION 2

Indiquer deux intérêts nutritionnels des fruits.

QUESTION 3

Indiquer le choix des produits et matériels utilisés pour la désinfection des jouets et leur intérêt.

CORRIGÉS

1. PARTIE PRATIQUE

Tenue professionnelle :

- blouse (en fonction des collectivités) ;
- cheveux attachés et retenus dans une charlotte ;
- aucun bijou, ni montre.

QUESTION 1

Activité de préparation, présentation et services de repas ou de collations

Préparation : SALADE DE FRUITS

Vous devez effectuer un choix correct des denrées et du matériel par rapport à la fiche proposée. Attention à la pesée.

Déroulement du travail

Matériel et produits	Méthode	Précautions/remarques
Préparer du sirop		
– 0,4 L d'eau – 40 g de sucre – Casserole	– Mettre l'eau dans une casserole – Porter à ébullition – Ajouter le sucre – Laisser frémir quelques minutes – Éteindre le feu	– Attention aux brûlures avec le sirop bouillant – Ne pas laisser le sirop caraméliser
Laver les fruits (avant et après l'épluchage)		
– Passoire en acier inoxydable	– Poser les fruits dans un récipient en acier inoxydable et passer sous l'eau courante	– Rincer les fruits rapidement afin de ne pas perdre les vitamines hydrosolubles telle que la vitamine C
Peler les fruits		
– Couteau d'office – Passoire en acier inoxydable	– Enlever la peau de la banane – Peler l'orange – Peler la pomme – Rincer rapidement les fruits sous l'eau courante – Citronner les fruits	– Afin de respecter la marche en avant, il faut mettre les épluchures dans un récipient et les jeter le plus rapidement possible – Le rinçage se fait sous l'eau courante dans une passoire en acier inoxydable lavée et désinfectée. Ne jamais laisser tremper les végétaux – Le jus de citron évite le noircissement des fruits pelés

Matériel et produits	Méthode	Précautions/remarques
Tailler les fruits		
– Planche à découper – Couteau d'office	– Sur la planche à découper propre, couper la demi-banane en fines rondelles puis les rondelles en deux – Couper la demi-pomme en petits dés – Détacher les quartiers de l'orange – Couper chaque quartier d'orange en trois ou quatre morceaux	– La planche doit être propre (nettoyée et désinfectée) – Éviter de découper en trop petits morceaux afin de limiter l'écrasement – Le taillage se fait en fonction du public concerné – Ne pas préparer trop longtemps à l'avance pour éviter le noircissement des fruits
Présenter		
– Saladier – Ramequins	– Mettre les fruits coupés en dés dans un saladier – Ajouter le sirop refroidi puis mélanger – Servir la salade de fruits dans des ramequins individuels	– Rechercher l'harmonie des couleurs et la régularité des formes – Mélanger délicatement afin de ne pas abîmer les fruits – Essayer d'harmoniser les couleurs des différents fruits

Critères d'évaluation

- Rangement et disposition rationnelle des espaces (préparer tout ce dont vous avez besoin avant de commencer à travailler).
- Choix correct des denrées et du matériel (attention aux quantités).
- Respect des procédures, des recettes, des règles d'hygiène (tenue professionnelle correcte et propre, lavage des mains, hygiène corporelle), des règles de sécurité, des locaux et des équipements, du temps imparti.
- Mise en œuvre des principes d'économie et d'ergonomie.
- Maîtrise des techniques.
- Conditionnement adapté pour la conservation.
- Organisation du travail et gestion.
- Remise en état du poste de travail.
- Qualités organoleptiques du résultat.

QUESTION 2

Activité de techniques d'entretien des locaux et des équipements
Activité : EFFECTUER L'ENTRETIEN D'UN MEUBLE SOUS ÉVIER
Objectif : enlever les salissures adhérentes et non adhérentes.

Déroulement du travail

Matériel et produits	Méthode	Précautions/remarques
– Chariot de ménage – Lavettes (usage unique) – Gants – Eau – Détergent-désinfectant	– Débarrasser le meuble sous évier – Laver avec un détergent-désinfectant – Rincer (si nécessaire, bien lire l'étiquette du produit) – Essuyer avec une lavette propre pour sécher	– Porter des gants de ménage – Débarrasser les surfaces avant tout nettoyage – Bien lire le mode d'emploi des produits utilisés (la dilution, la température optimale) – Respecter les temps d'action et le rinçage éventuel (voir étiquette du fabricant)

REMARQUE

Si vous ne possédez pas de détergent-désinfectant, vous devez utiliser un détergent (laver et rincer) puis un désinfectant (laver, rincer et sécher).

Critères d'évaluation

- Choix correct des matériels, produits et accessoires.
- Respect des procédures, des dosages, des règles d'hygiène et de sécurité, des locaux et des équipements, du temps imparti, de la fréquence des entretiens.
- Mise en œuvre des principes d'économie et d'ergonomie.
- Maîtrise des techniques.
- Organisation du travail et gestion.
- Remise en état du poste de travail.
- Qualité du résultat.

2. PARTIE ÉCRITE : SAVOIRS TECHNOLOGIQUES ASSOCIÉS

QUESTION 1

- Éviter le trempage des fruits qui risquerait d'entraîner la perte des vitamines hydrosolubles (principalement la vitamine C dans les fruits).
- Éviter de préparer la salade de fruits trop longtemps à l'avance afin de limiter les modifications organoleptiques (noircissement, ramollissement, perte de vitamines sensibles à l'action de la lumière, etc.) et l'action des bactéries.
- Peler les fruits le plus finement possible à l'aide d'un couteau économe afin de conserver les vitamines qui se situent souvent en périphérie du fruit.
- Utiliser du citron ou du vinaigre (plutôt pour les légumes destinés à une préparation salée ou à la cuisson) afin de limiter le noircissement et le développement des bactéries.

QUESTION 2

- Apport de vitamines (principalement la vitamine C qui joue un rôle important dans de nombreuses réactions biochimiques de l'organisme et particulièrement dans les défenses immunitaires).

- Apport de minéraux (variable selon les fruits consommés, d'où l'intérêt de diversifier sa consommation).
- Apport de fibres, qui facilitent le transit intestinal.
- Apport de glucides (principalement de fructose) qui jouent un rôle primordial dans l'apport énergétique de l'organisme.
- Apport d'eau, les fruits contiennent en moyenne de 90 à 95 % d'eau.

QUESTION 3

- Un détergent permet d'éliminer les salissures et un désinfectant permet d'éliminer les micro-organismes.
- Un détergent-désinfectant permet d'éliminer les salissures et les micro-organismes en utilisant un seul produit.

SUJET 8

DURÉE : 2 H 30

Situation : vous êtes assistante maternelle agréée et vous accueillez 4 fois par semaine de 8h à 17h deux enfants : Songül, 8 mois, et Léonie, 2 ans.
Vous logez dans une maison de ville de type F4, votre cuisine est fermée.

1. PARTIE PRATIQUE

QUESTION 1

Vous devez préparer pour le déjeuner du midi, une purée maison pommes de terre/carottes pour accompagner un steak haché et un yaourt pour Léonie.
Liste des denrées nécessaires à la préparation :

Denrées	Quantités	Gamme opératoire
– Pommes de terre – Carottes – Lait – Beurre – Sel, poivre	– 1 grosse pièce – petites – 0,005 L – 5 g – 1 pincée	– Faire cuire les légumes dans l'eau salée et poivrée ou à l'autocuiseur – Mouliner les légumes – Ajouter le beurre – Verser dans un récipient de service – Présenter le purée

QUESTION 2

Réaliser la tâche cochée dans la liste ci-dessous :
☐ Procéder à un lavage manuel du sol
☐ Stériliser à chaud quatre biberons
X Repasser et plier deux torchons
☐ Nettoyer l'enceinte du réfrigérateur
Vous devez :

- analyser la situation ;
- organiser vos tâches et préparer le matériel ;
- remettre en état le poste de travail et le matériel.

2. PARTIE ÉCRITE : SAVOIRS TECHNOLOGIQUES ASSOCIÉS

QUESTION 1

Énoncer trois facteurs favorables à une bonne digestion chez l'enfant.

QUESTION 2

Énoncer deux facteurs qui mettent en valeur les préparations culinaires pour un enfant.

QUESTION 3

Indiquer le choix du produit et justifier son utilisation lors du lavage manuel du sol.

CORRIGÉS

1. PARTIE PRATIQUE

Tenue professionnelle :

- blouse (en fonction des collectivités) ;
- cheveux attachés et retenus dans une charlotte ;
- aucun bijou, ni montre.

QUESTION 1

Activité de préparation, présentation et services de repas ou de collations

Préparation : PURÉE POMMES DE TERRE/CAROTTES

Vous devez effectuer un choix correct des denrées et du matériel par rapport à la fiche proposée. Attention à la pesée.

Conditions de travail

Matériel	Méthode	Précautions/remarques
Peler et laver les carottes et les pommes de terre		
– Bac propre – Couteau économe	– Laver les légumes dans un bac propre – Peler les carottes et les pommes de terre et les déposer dans un bac propre – Rincer rapidement les légumes en changeant deux ou trois fois l'eau de rinçage	– Porter des gants à usage unique en cas de plaie – Respecter le principe de la marche en avant : le sale ne doit jamais croiser le propre ; c'est à dire que les épluchures seront mises de côté, dans un récipient adapté et jetées à la poubelle immédiatement – Ne pas laisser tremper les légumes afin d'éviter le perte des vitamines hydrosolubles (vitamines C et B)
Découper des légumes		
– Couteau – Planche à découper	– Tailler les carottes et les pommes de terre en morceaux de taille moyenne	– Couper sur un plan de découpe préalablement nettoyé

Matériel	Méthode	Précautions/remarques
Cuire		
– Auto-cuiseur ou marmite à cuisson vapeur	– Mettre de l'eau au fond de l'autocuiseur – Poser les carottes et les pommes de terre dans le panier de l'autocuiseur	– Bien fermer l'autocuiseur – Débuter la cuisson à froid – Cuire environ 10 minutes à partir du sifflement de la soupape (bien lire le mode d'emploi avant de se servir d'un autocuiseur ; chaque fabricant ayant ses particularités)
Mouliner et assaisonner		
– Mixeur ou moulin à légumes – Lait (quelques cuillères) – Beurre – Sel	– Mettre les carottes et les pommes de terre cuites dans le mixeur – Suivre les consignes du fabricant pour le fonctionnement de l'appareil – Ajouter un peu de lait chaud (si nécessaire) et une noisette de beurre – Bien mélanger – Saler légèrement la purée	– Se sécher les mains pour mettre l'appareil sous tension et hors tension – Ne pas mettre trop de lait afin que la purée ne soit pas trop liquide (mais pas trop solide non plus) – L'assaisonnement doit être discret ; attention à ne pas mettre trop de sel pour les enfants
Présenter		
– Légumier ou ramequins	– Mettre la purée dans un plat adapté : légumier ou ramequin	– Remplir proprement les récipients

Critères d'évaluation

- Rangement et disposition rationnelle des espaces (préparer tout ce dont vous avez besoin avant de commencer à travailler).
- Choix correct des denrées et du matériel (attention aux quantités).
- Respect des procédures, des recettes, des règles d'hygiène (tenue professionnelle correcte et propre, lavage des mains, hygiène corporelle), des règles de sécurité, des locaux et des équipements, du temps imparti.
- Mise en œuvre des principes d'économie et d'ergonomie.
- Maîtrise des techniques.
- Conditionnement adapté pour la conservation.
- Organisation du travail et gestion.
- Remise en état du poste de travail.
- Qualités organoleptiques du résultat.

QUESTION 2

Activité de techniques d'entretien des locaux et des équipements
Activité : REPASSER ET PLIER DEUX TORCHONS
Objectif : défroisser le linge, désinfecter le linge et faciliter son rangement.

Conditions de travail

Matériel et produits	Méthode	Précautions/remarques
– Table à repasser – Fer à repasser à vapeur – Eau	– Remplir le fer à vapeur d'eau non calcaire – Mettre le fer sous tension – Poser le linge sur l'envers à plat, lisière devant soi – Repasser sur l'envers – Plier suivant un modèle pour faciliter l'empilage du linge – Mettre le fer hors tension – Laisser refroidir le fer avant de le ranger – Ranger le fer	– Trier le linge selon la nature du textile – Lire les étiquettes de composition – Lire les codes d'entretien – Repasser dans le sens du « droit fil » – Après utilisation, vider l'eau restant dans le fer – Ne pas mettre le fer sous tension ou hors tension les mains mouillées – Le poser loin de matériaux inflammables

Critères d'évaluation

- Choix correct des matériels, produits et accessoires.
- Respect des procédures, des dosages, des règles d'hygiène et de sécurité, des locaux et des équipements, du temps imparti, de la fréquence des entretiens.
- Mise en œuvre des principes d'économie et d'ergonomie.
- Maîtrise des techniques.
- Organisation du travail et gestion.
- Remise en état du poste de travail.
- Qualité du résultat.

2. PARTIE ÉCRITE : SAVOIRS TECHNOLOGIQUES ASSOCIÉS

QUESTION 1

- Mâcher correctement les aliments.
- Éviter une alimentation trop riche en sucre, en protéines et en lipides.
- Faire déjeuner l'enfant dans une ambiance calme et détendue.
- Prendre son temps pour déjeuner.

QUESTION 2

- Varier les couleurs des aliments afin de rendre la vision du plat attractive pour l'enfant.
- Présenter les aliments dans l'assiette (ou le plat de service) de manière à attirer le regard de l'enfant (ex. : forme de chat, de maison, de fleur, etc.)
- Décorer la table, soigner la présentation de l'assiette.
- Proposer le plat à une bonne température (ni trop chaude, ni trop froide).

QUESTION 3

Un détergent-désinfectant permet d'éliminer les salissures et les micro-organismes en utilisant un seul produit.

SUJET 9

DURÉE : 2 H 30

Situation : vous êtes assistante maternelle agréée et vous accueillez trois fois par semaine de 7 h 30 à 18 h deux enfants : Karim, 8 mois, et Aïcha, 2 ans et demi, diabétique.
Vous habitez un pavillon de type F4.

1. PARTIE PRATIQUE

QUESTION 1

Vous devez confectionner une compote de pommes pour le goûter d'Aicha et la lui présenter accompagnée d'un verre de lait.
Liste des denrées nécessaires à la préparation :

Denrées	Quantités	Gamme opératoire
– Pommes – Eau – Citron	– 150 g – 100 mL – Quelques gouttes	– Nettoyer les fruits – Les éplucher et les couper en morceaux – Mettre du citron – Faire cuire les fruits dans l'eau (15 min) – Verser dans un ramequin de service – Présenter la compote

QUESTION 2

Réaliser la tâche cochée dans la liste ci-dessous :
X Procéder à un balayage humide du sol
☐ Stériliser à froid trois biberons
☐ Repasser et plier deux torchons
Vous devez :
- analyser la situation ;
- organiser vos tâches et préparer le matériel ;
- remettre en état le poste de travail et le matériel.

2. PARTIE ÉCRITE : SAVOIRS TECHNOLOGIQUES ASSOCIÉS

QUESTION 1

Énoncer deux mesures à respecter dans le cadre du régime spécifique d'Aïcha.

QUESTION 2

Indiquer à quels groupes d'aliments appartiennent les éléments du goûter d'Aïcha.

QUESTION 3

Justifier le choix d'une gaze pré-imprégnée pour le balayage humide (deux éléments de réponse attendus).

CORRIGÉS

1. PARTIE PRATIQUE

Tenue professionnelle :

- blouse (en fonction des collectivités) ;
- cheveux attachés et retenus dans une charlotte ;
- aucun bijou, ni montre.

QUESTION 1

Activité de préparation, présentation et services de repas ou de collations

Préparation : COMPOTE DE POMMES

Vous devez effectuer un choix correct des denrées et du matériel par rapport à la fiche proposée. Attention à la pesée.

Conditions de travail

Matériel	Méthode	Précautions/remarques
Éplucher et laver les pommes		
– Couteau économe – Passoire en acier inoxydable	– Laver les pommes – Éplucher les pommes et les déposer dans une passoire propre – Rincer rapidement les pommes	– Porter des gants à usage unique en cas de plaie – Respecter le principe de la marche en avant : le sale ne doit jamais croiser le propre ; c'est à dire que les épluchures seront mises de côté, dans un récipient adapté et jetées à la poubelle immédiatement
Découper des pommes		
– Couteau – Planche à découper	– Tailler les pommes en morceaux de taille moyenne – Citronner les fruits	– Couper sur un plan de découpe préalablement nettoyé – Le jus de citron permet d'éviter le noircissement des fruits
Cuire		
– Casserole	– Poser les pommes dans la casserole – Ajouter un peu d'eau – Cuire environ 15 minutes	– Débuter la cuisson à froid – Cuire jusqu'à ce que les pommes soient translucides
Mixer		
Mixeur (ou moulin à légumes)	– Mettre les pommes cuites dans le récipient du mixeur (ou dans le moulin à légumes) – Suivre les consignes du fabricant pour le fonctionnement de l'appareil	– Se sécher les mains pour mettre l'appareil sous tension et hors tension
Présenter		
– Ramequins individuels – Cuillère	– Mettre la compote dans les ramequins	– Remplir proprement le ramequin – Ajouter éventuellement un zeste de citron afin de décorer et de développer le plaisir de l'enfant

Critères d'évaluation

- Rangement et disposition rationnelle des espaces (préparer tout ce dont vous avez besoin avant de commencer à travailler).
- Choix correct des denrées et du matériel (attention aux quantités).
- Respect des procédures, des recettes, des règles d'hygiène (tenue professionnelle correcte et propre, lavage des mains, hygiène corporelle), des règles de sécurité, des locaux et des équipements, du temps imparti.
- Mise en œuvre des principes d'économie et d'ergonomie.
- Maîtrise des techniques.
- Conditionnement adapté pour la conservation.
- Organisation du travail et gestion.
- Remise en état du poste de travail.
- Qualités organoleptiques du résultat.

QUESTION 2

Activité de techniques d'entretien des locaux et des équipements
Activité : EFFECTUER LE BALAYAGE HUMIDE DU SOL
Objectif : éliminer les micro et macro-salissures présentes sur le sol en limitant la mise en suspension des particules dans l'atmosphère.

Déroulement du travail

Matériel et produits	Méthode	Précautions/remarques
– Chariot de ménage – Balai à franges + gazes textiles (coton) réutilisables Ou – Balai trapèze + gazes jetables (non tissées) – Agglutinants – Pelle à poussière – Sac poubelle – Gants – Eau	– Humidifier plusieurs gazes textiles en les pulvérisant d'eau ou d'agglutinants – Fixer les gazes sur le balai à franges Ou – Fixer les gazes sur le balai à franges – Technique « à la godille » : • commencer par l'angle opposé à la porte d'entrée ; • travailler par rangée, en contournant les obstacles (pieds de table, meubles, etc.) – Finir par la porte d'entrée, ramasser les salissures – Mettre les gazes (jetables) et les déchets dans le sac poubelle du chariot ou dans le seau de lavage pour les gazes en coton	– Porter des gants de ménage – Préparer tout le matériel sur le chariot de ménage – Il est préférable de protéger la frange par une gaze textile lavable que l'on imprègne d'agglutinant afin de diminuer l'encrassement de la frange – Il est indispensable d'équiper le balai trapèze d'une gaze non-tissée pré-imprégnée d'agglutinant – Ne jamais lever le balai du sol – Se déplacer en reculant et en donnant au balai un mouvement de zigzag (godille) – Se tenir droit pour effectuer ces déplacements, les bras seuls dirigent le mouvement – Dans la mesure du possible, pratiquer un détourage préalable le long des plinthes – Contrôler visuellement l'absence de déchets au sol

Critères d'évaluation

- Choix correct des matériels, produits et accessoires.
- Respect des procédures, des dosages, des règles d'hygiène et de sécurité, des locaux et des équipements, du temps imparti, de la fréquence des entretiens.

- Mise en œuvre des principes d'économie et d'ergonomie.
- Maîtrise des techniques.
- Organisation du travail et gestion.
- Remise en état du poste de travail.
- Qualité du résultat.

2. PARTIE ÉCRITE : SAVOIRS TECHNOLOGIQUES ASSOCIÉS

QUESTION 1

- Alimentation pauvre en sucre.
- Alimentation équilibrée.
- Activité physique conseillée.

QUESTION 2

- Fruits et légumes, pour la compote.
- Produits laitiers, pour le verre de lait.

QUESTION 3

Une gaze pré-imprégnée permet de capter les salissures non adhérentes et d'éviter leur mise en suspension dans l'air.

SUJET 10

DURÉE : 2 H 30

Situation : vous êtes assistante maternelle à domicile. Vous gardez deux enfants : Alice, 3 ans, et Robin, 2 ans.

1. PARTIE PRATIQUE

QUESTION 1

Vous devez préparer pour le goûter un gâteau marbré.
Liste des denrées nécessaires à la préparation :

Denrées	Quantités	Gamme opératoire
– Œufs – Sucre – Beurre – Farine – Levure chimique – Chocolat à cuire	– 4 – 150 g – 100 g – 250 g – ½ sachet – 100 g	– Ramollir le beurre – Mélanger énergiquement le sucre et le beurre – Incorporer les œufs un à un – Ajouter la farine et la levure – Verser la moitié de la pâte dans un saladier – Faire fondre le chocolat et l'ajouter à la pâte contenue dans le saladier – Beurrer et fariner un moule à manqué ou un moule à cake – Faire cuire à four moyen (150 ° C) durant 45 minutes – Démouler le gâteau sur la grille – Laisser refroidir avant de servir

QUESTION 2

Réaliser la tâche cochée dans la liste ci-dessous :

X Recoudre un bouton de chemise
☐ Nettoyer un placard de la cuisine
☐ Repasser une chemise
☐ Bio-nettoyer le sol du coin repas

Vous devez :

- analyser la situation ;
- organiser vos tâches et préparer le matériel ;
- remettre en état le poste de travail et le matériel.

2. PARTIE ÉCRITE : SAVOIRS TECHNOLOGIQUES ASSOCIÉS

QUESTION 1

Énoncer deux signes digestifs caractéristiques d'une toxi-infection.

QUESTION 2

Indiquer la modification physico-chimique du sucre au cours de la cuisson du gâteau.

QUESTION 3

Citer les règles de sécurité à observer lors de l'utilisation des produits d'entretien, vis-à-vis des enfants et de l'opérateur (quatre réponses attendues).

CORRIGÉS

1. PARTIE PRATIQUE

Tenue professionnelle :

- blouse (en fonction des collectivités) ;
- cheveux attachés et retenus dans une charlotte ;
- aucun bijou, ni montre.

QUESTION 1

Activité de préparation, présentation et services de repas ou de collations

Préparation : GÂTEAU MARBRÉ

Vous devez effectuer un choix correct des denrées et du matériel par rapport à la fiche proposée. Attention à la pesée.

Conditions de travail

Matériel et produits	Méthode	Précautions/remarques
Préparer le gâteau		
– Moule à cake ou moule à manqué – Petits récipients creux (ex. : bol) – 2 récipients creux (ex. : saladier) – Spatule – Batteur électrique	– Préchauffer le four thermostat 5 (150 ° C) – Poser le beurre dans un récipient creux (ex. : bol) et le mettre quelques secondes au four à micro-ondes – Mélanger le sucre et le beurre énergiquement – Incorporer les œufs un à un et travailler l'ensemble – Introduire ensemble la farine et la levure, bien travailler la pâte – Séparer la pâte en deux dans des récipients creux – Poser le chocolat dans un petit récipient creux (ex. : un bol) et le faire fondre délicatement au micro-ondes – Ajouter le chocolat fondu à la pâte contenue dans un des deux saladiers – Beurrer et fariner légèrement le moule – Garnir le moule en versant alternativement les deux préparation	– Attention de ne pas faire fondre le beurre, il doit juste être mou – Laver les œufs juste avant usage – Respecter le principe de la marche en avant : le sale ne doit jamais croiser le propre ; c'est à dire que les coquilles d'œufs seront mises de côté, dans un récipient adapté et jetées à la poubelle immédiatement – Se laver les mains après avoir manipulé les œufs – Le chocolat ne doit pas cuire
Cuire		
– Four – Grille à pâtisserie	– Cuire thermostat 5 (150 ° C) pendant environ 45 minutes – Démouler sur une grille à pâtisserie	– Ne pas ouvrir la porte du four pendant la première partie de la cuisson
Présenter		
– Plat à cake (ou un plat rond)	– Présenter le gâteau sur un plat à cake	– Soigner la présentation, vous pouvez le décorer avec des copeaux de chocolat

Critères d'évaluation

- Rangement et disposition rationnelle des espaces (préparer tout ce dont vous avez besoin avant de commencer à travailler).
- Choix correct des denrées et du matériel (attention aux quantités).
- Respect des procédures, des recettes, des règles d'hygiène (tenue professionnelle correcte et propre, lavage des mains, hygiène corporelle), des règles de sécurité, des locaux et des équipements, du temps imparti.
- Mise en œuvre des principes d'économie et d'ergonomie.
- Maîtrise des techniques.
- Conditionnement adapté pour la conservation.

- Organisation du travail et gestion.
- Remise en état du poste de travail.
- Qualités organoleptiques du résultat.

QUESTION 2

Activité de techniques d'entretien des locaux et des équipements
Activité : RECOUDRE UN BOUTON DE CHEMISE
Objectif : permettre à un vêtement de s'attacher correctement et d'être fonctionnel.

Déroulement du travail

Matériel et produits	Méthode	Précautions/remarques
– Fil – Aiguille – Dé à coudre – Bouton	– Enfiler le fil dans le chas de l'aiguille – Faire un nœud à une des extrémités du fil – Enfiler le dé – Tenir le bouton à l'emplacement souhaité – Introduire l'aiguille dans le tissu et dans un des trous du bouton – Passer le fil dans le 2e trou du bouton (à partir de l'extérieur du vêtement) – Renouveler l'opération plusieurs fois jusqu'à ce que le bouton soit solidement attaché au vêtement – Faire un nœud pour terminer	– Utiliser du fil d'une couleur adaptée au tissu – Piquer à partir de l'intérieur du vêtement – Le nœud empêche que le fil ne traverse le tissu

Critères d'évaluation

- Choix correct des matériels, produits et accessoires.
- Respect des procédures, des dosages, des règles d'hygiène et de sécurité, des locaux et des équipements, du temps imparti, de la fréquence des entretiens.
- Mise en œuvre des principes d'économie et d'ergonomie.
- Maîtrise des techniques.
- Organisation du travail et gestion.
- Remise en état du poste de travail.
- Qualité du résultat.

2. PARTIE ÉCRITE : SAVOIRS TECHNOLOGIQUES ASSOCIÉS

QUESTION 1

- Vomissement.
- Diarrhée.
- Céphalée (maux de tête).
- Fièvre.
- Sueur et pâleur.

QUESTION 2

Caramélisation des sucres.

QUESTION 3

- Laisser le produit dans son emballage d'origine afin qu'il n'y ait pas de confusion possible.

- Ne pas mélanger plusieurs produits afin d'éviter d'éventuelles vapeurs toxiques.
- Préférer les produits ayant un bouchon de sécurité afin que les enfants ne puissent pas les ouvrir s'ils venaient à être en possession de tels produits.
- Utiliser les produits d'entretien hors de la présence des enfants.
- Mettre des gants afin de se protéger.
- Bien lire l'étiquette et respecter le mode d'emploi (dilution, temps d'action, température d'action, risque pour l'utilisateur ou pour l'environnement).

SUJET 11

DURÉE : 2 H 30

Situation : vous êtes assistante maternelle agréée et vous accueillez du lundi au vendredi de 9 h à 18 h trois enfants à votre domicile : Léa, 18 mois, Tom, 2 ans et Théo, 3 ans.
Théo a mal au ventre car il est constipé depuis la veille.

1. PARTIE PRATIQUE

QUESTION 1

Vous devez préparer pour le déjeuner de Théo un gratin de courgettes au jambon.
Liste des denrées nécessaires à la préparation :

Denrées	Quantités	Gamme opératoire
– Courgettes surgelées – Beurre – Farine – Lait – Gruyère râpé – Dés de jambon – Sel et poivre	– 300 g – 20 g et noisette (plat) – 20 g – 2 dL – 40 g – 100 g – À disposition	– Préchauffer le four thermostat 6 (180 ° C) – Cuire les courgettes – Préparer une béchamel : mettre à fondre le beurre dans une casserole, ajouter la farine, puis peu à peu ajouter le lait en remuant et saler puis poivrer – Beurrer le plat à gratin – Disposer les courgettes et les dés de jambon dans le plat – Napper avec la béchamel – Parsemer de gruyère – Faire gratiner au four 20 minutes

QUESTION 2

Réaliser la tâche cochée dans la liste ci-dessous :

X Procéder à l'entretien de l'enceinte à micro-ondes
☐ Repasser la chemise de Tom
☐ Procéder au nettoyage d'une porte
☐ Coudre un bouton sur la veste de Léa

Vous devez :

- analyser la situation ;
- organiser vos tâches et préparer le matériel ;
- remettre en état le poste de travail et le matériel.

2. PARTIE ÉCRITE : SAVOIRS TECHNOLOGIQUES ASSOCIÉS

QUESTION 1

Replacer les six organes suivants sur le schéma de l'appareil digestif : *anus, estomac, bouche, œsophage, gros intestin (colon), intestin grêle.*

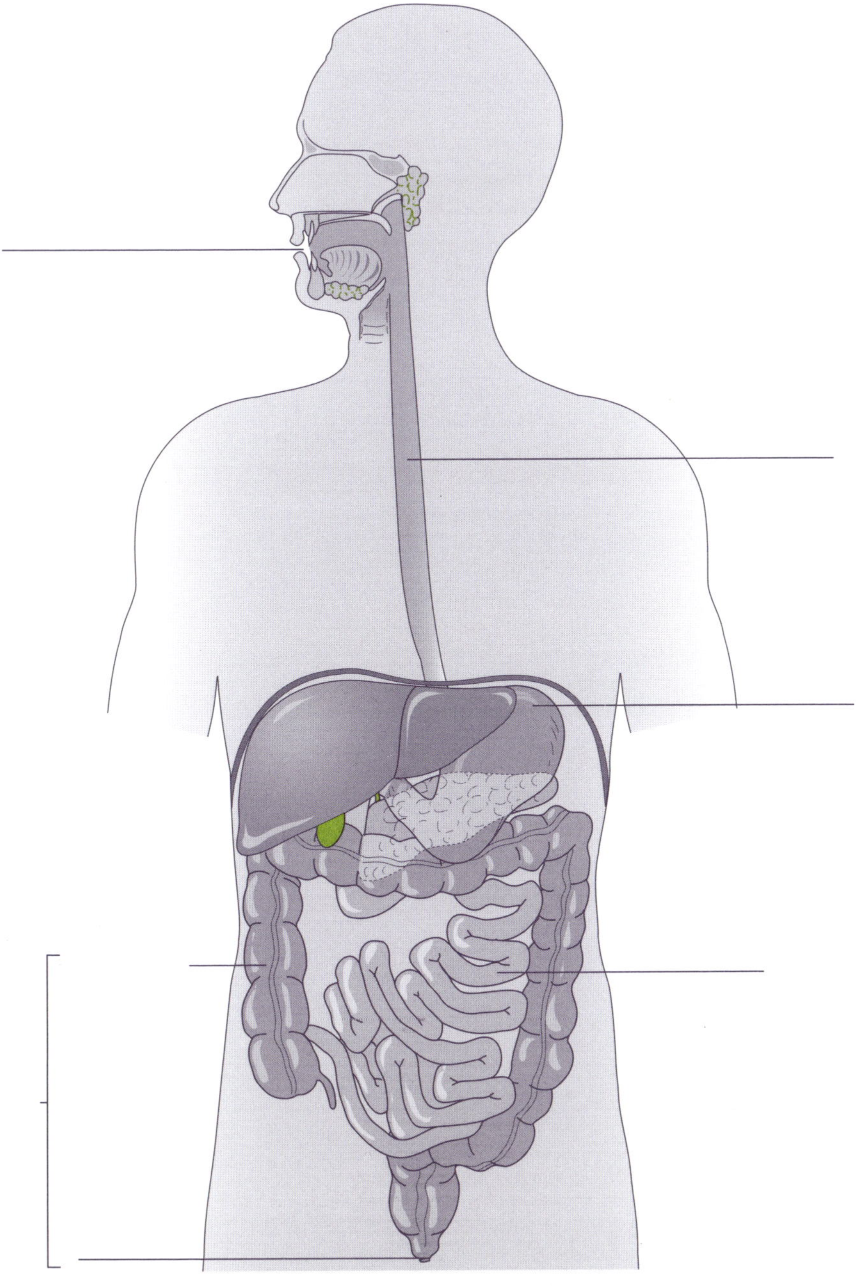

■ **QUESTION 2**

Énoncer les principaux types de régime ou d'allergies alimentaires chez l'enfant.

■ **QUESTION 3**

Indiquer et justifier le choix des produits utilisés pour l'entretien de l'enceinte à micro-ondes.

CORRIGÉS

1. PARTIE PRATIQUE

Tenue professionnelle :

- blouse (en fonction des collectivités) ;
- cheveux attachés et retenus dans une charlotte ;
- aucun bijou, ni montre.

■ **QUESTION 1**

Activité de préparation, présentation et services de repas ou de collations
Préparation : GRATIN DE COURGETTES

Vous devez effectuer un choix correct des denrées et du matériel par rapport à la fiche proposée. Attention à la pesée.

Conditions de travail

Matériel et produits	Méthode	Précautions/remarques
Cuire les courgettes		
– Autocuiseur ou marmite à cuisson vapeur	– Mettre de l'eau au fond de l'autocuiseur – Poser les courgettes dans le panier de l'autocuiseur	– Bien fermer l'autocuiseur – Débuter la cuisson à froid – Cuire environ 10 minutes à partir du sifflement de la soupape (bien lire le mode d'emploi avant de se servir d'un autocuiseur ; chaque fabricant ayant ses particularités)

Matériel et produits	Méthode	Précautions/remarques
Préparer la sauce béchamel		
– 2 casseroles – Fouet – Louche	– Faire fondre le beurre dans une casserole – Ajouter la farine hors du feu – Mélanger au fouet – Remettre la préparation sur feu doux pour cuire légèrement – Mettre en attente – Faire chauffer le lait dans une autre casserole – Verser le liquide chaud petit à petit sur le mélange beurre + farine déjà cuite – Remuer au fouet pour éviter les grumeaux – Laisser cuire quelques minutes jusqu'à ce que le liquide épaississe – Saler et poivrer légèrement la sauce (si nécessaire)	– Il faut que le mélange reste blanc – Vous pouvez le faire chauffer pendant que vous vous occupez du mélange beurre/farine – Faire cuire à feu doux pour éviter que le mélange n'attache
Préparer le gratin		
– Plat à gratin	– Beurrer le plat à gratin – Disposer les courgettes et les dés de jambon dans le plat – Napper avec la sauce béchamel – Parsemer de gruyère râpé	– Saler légèrement les courgettes qui ont cuit à l'autocuiseur – Répartir de façon homogène les courgettes et le jambon
Cuire		
– Four	– Préchauffer le four pendant environ 10 minutes à 200 ° C – Poser le gratin dans le four – Laisser cuire environ 20 minutes à 200 ° C – Surveiller la cuisson – Sortir le plat du four et laisser reposer quelques instants avant de servir	– Lire le mode d'emploi avant de se servir du four
Présenter		
– Assiette	– Présenter une part de gratin dans une assiette	– Déposer avec délicatesse le gratin dans l'assiette – Vous pouvez décorer avec un brin de persil pour décorer

Critères d'évaluation

- Rangement et disposition rationnelle des espaces (préparer tout ce dont vous avez besoin avant de commencer à travailler).
- Choix correct des denrées et du matériel (attention aux quantités).
- Respect des procédures, des recettes, des règles d'hygiène (tenue professionnelle correcte et propre, lavage des mains, hygiène corporelle), des règles de sécurité, des locaux et des équipements, du temps imparti.
- Mise en œuvre des principes d'économie et d'ergonomie.
- Maîtrise des techniques.
- Conditionnement adapté pour la conservation.
- Organisation du travail et gestion.
- Remise en état du poste de travail.
- Qualités organoleptiques du résultat.

QUESTION 2

Activité de techniques d'entretien des locaux et des équipements
Activité : ENTRETIEN DE L'ENCEINTE À MICRO-ONDES

Objectif : enlever les salissures adhérentes et non adhérentes et détruire les bactéries présentes.

Déroulement du travail

Matériel et produits	Méthode	Précautions/remarques
– Lavettes (usage unique) – Gants – Eau chaude – Détergent-désinfectant – Papier essuie-tout	– Vider le four à micro-ondes – Mettez-le hors tension – Enlever le plateau et le faire tremper dans une solution détergente – Enlever les débris alimentaires avec une lavette – Laver, avec une lavette propre légèrement imbibée d'une solution détergente désinfectante, les parois intérieures du four à micro-ondes – Laisser agir 5 à 10 minutes (suivant les consignes du fabricant) – Pendant ce temps laver le plateau – Rincer et essuyer le plateau – Rincer très correctement les parois intérieures avec une lavette propre – Essuyer avec du papier essuie-tout pour sécher – Remettre la plateau en place – Laver, rincer et essuyer les parois extérieures – Remettre l'appareil en service	– Porter des gants de ménage – Utiliser un détergent-désinfectant compatible avec un usage alimentaire – Bien lire le mode d'emploi des produits utilisés (la dilution, la température optimale) – Respecter les temps d'action et le rinçage éventuel (voir étiquette du fabricant) – Bien rincer les parois intérieures de l'enceinte à micro-ondes

Critères d'évaluation

- Choix correct des matériels, produits et accessoires.
- Respect des procédures, des dosages, des règles d'hygiène et de sécurité, des locaux et des équipements, du temps imparti, de la fréquence des entretiens.
- Mise en œuvre des principes d'économie et d'ergonomie.
- Maîtrise des techniques.

- Organisation du travail et gestion.
- Remise en état du poste de travail.
- Qualité du résultat.

2. PARTIE ÉCRITE : SAVOIRS TECHNOLOGIQUES ASSOCIÉS

QUESTION 1

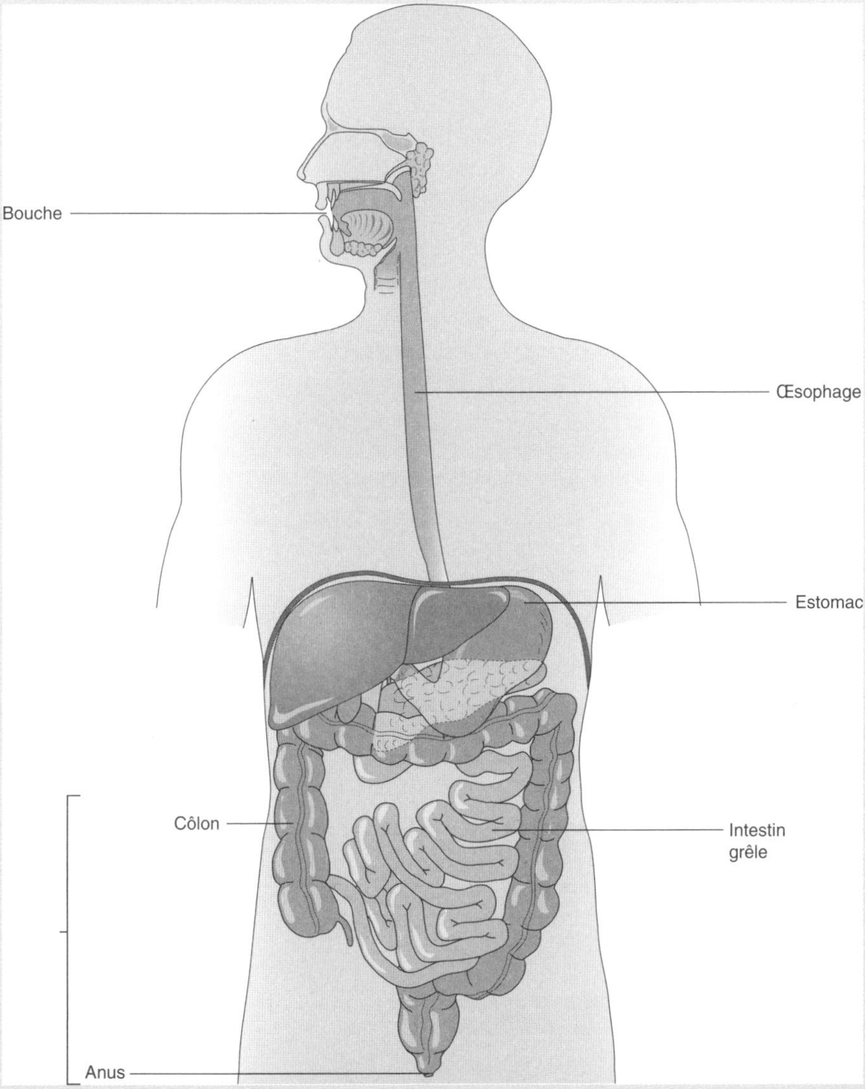

QUESTION 2

Régimes alimentaires chez l'enfant : il existe de nombreuses pathologies chez l'enfant pour lesquelles un régime alimentaire est prescrit par un médecin.

- Régime en cas de troubles digestifs.
- Régime en cas de constipation.
- Régime d'un enfant diabétique.
- Régime pauvre en sodium.
- Régime sans gluten.
- Régime de l'enfant obèse.
- Etc.

Il existe aussi de nombreux régimes liés aux allergies alimentaires chez l'enfant. Parmi les allergies, nous pouvons citer :
- intolérance au gluten ;
- intolérance au fructose ;
- intolérance au lactose ;
- intolérance aux œufs ;
- intolérance à l'arachide ;
- etc.

QUESTION 3
- Utiliser un détergent permet d'éliminer les salissures.
- Utiliser un détergent-désinfectant, compatible avec les surfaces alimentaires, permet d'éliminer les salissures et les micro-organismes et évite l'apport de produits toxiques dans les aliments.
- Ne pas utiliser d'abrasif afin d'éviter de détériorer les parois de l'appareil et de provoquer un accident.

SUJET 12

DURÉE : 2 H 30

Situation : vous êtes assistante maternelle agréée et vous fréquentez régulièrement le relais d'assistants maternels de votre commune. Cet après-midi, vous avez en responsabilité quatre enfants entre deux et trois ans pour une activité pâtisserie.
Vous préparez avec eux des cookies pour le goûter des huit enfants présents, dont un est diabétique.

1. PARTIE PRATIQUE

QUESTION 1
Vous devez préparer et servir des cookies pour ce groupe d'enfant.
Liste des denrées nécessaires à la préparation :

Denrées	Quantités	Gamme opératoire
– Œufs – Farine – Levure – Beurre – Sucre en poudre – Sel – Pépites de chocolat – Sucre vanillé	– 2 – 250 g – 2 c. à café – 60 g – 75 g – 2 pincées – 50 g – 2 sachets	– Préchauffer le four à 170 ° C (thermostat 5) – Mélanger, en fouettant jusqu'à ce que le mélange blanchisse, le beurre et le sucre – Incorporer l'œuf, la levure, le sucre vanillé, le sel et bien mélanger le tout – Verser petit à petit la farine, afin d'obtenir un mélange lisse et homogène – Incorporer les pépites de chocolat – Préparer la plaque du four en plaçant une feuille de papier sulfurisé dessus – Former de petites boules de pâte et les disposer sur la plaque – Placer au four et laisser cuire 20 minutes

QUESTION 2

Réaliser la tâche cochée dans la liste ci-dessous :

☐ Effectuer un balayage humide du sol
☐ Nettoyer une table et des chaises après le goûter
X Effectuer l'entretien d'une poubelle
☐ Procéder au nettoyage et à la désinfection d'un lot de jouets
☐ Stériliser un biberon

Vous devez :

- analyser la situation ;
- organiser vos tâches et préparer le matériel ;
- remettre en état le poste de travail et le matériel.

2. PARTIE ÉCRITE : SAVOIRS TECHNOLOGIQUES ASSOCIÉS

QUESTION 1

Préciser si le goûter convient à un enfant diabétique et justifier votre réponse.

QUESTION 2

Citer deux mesures préventives à mettre en place lors de la réalisation des cookies pour éviter les toxi-infections alimentaires.

QUESTION 3

Identifier quatre mentions obligatoires devant figurer sur le sachet de farine utilisé lors de la préparation des cookies.

CORRIGÉS

1. PARTIE PRATIQUE

Tenue professionnelle :

- blouse (en fonction des collectivités) ;
- cheveux attachés et retenus dans une charlotte ;
- aucun bijou, ni montre.

QUESTION 1

Activité de préparation, présentation et services de repas ou de collations

Préparation : COOKIES pour 8 enfants

Vous devez effectuer un choix correct des denrées et du matériel par rapport à la fiche proposée. Attention à la pesée.

Conditions de travail

Matériel	Méthode	Précautions/remarques
Préparer la pâte		
– Bol – Saladier – Fouet	– Mettre le beurre dans un bol et le faire fondre au four à micro-ondes quelques secondes – Mettre le sucre dans un grand récipient (saladier) – Ajouter le beurre fondu sur le sucre – Fouetter énergiquement le beurre fondu avec le sucre jusqu'à ce que le mélange blanchisse – Incorporer l'œuf entier – Ajouter la levure, le sucre vanillé, le sel et bien mélanger – Ajouter la farine petit à petit – Mélanger jusqu'à l'obtention d'une pâte homogène – Incorporer les pépites de chocolat et mélanger délicatement	– Porter des gants à usage unique en cas de plaie – Respecter le principe de la marche en avant : le sale ne doit jamais croiser le propre ; c'est à dire que les coquilles seront mises de côté, dans un récipient adapté et jetées à la poubelle immédiatement. – Se laver les mains après avoir touché l'œuf

Matériel	Méthode	Précautions/remarques
Disposer la pâte		
– Plaque de cuisson – Papier sulfurisé – Cuillère	– Poser le papier sulfurisé sur la plaque de cuisson – Prélever, avec la cuillère, une boule de pâte (de la taille d'une grosse noix) – Déposer, en les espaçant, chaque boule sur le papier sulfurisé recouvrant la plaque de cuisson – Écraser avec la paume de la main pour former des disques légèrement bombés	– Le papier sulfurisé doit faire la même taille que la plaque – Se laver les mains avant de toucher la pâte
Cuire		
– Four	– Préchauffer le four pendant environ 10 minutes à 170 ° C – Poser la plaque de cuisson (avec les boules de pâte) dans le four – Laisser cuire environ 20 minutes à 170 ° C – Surveiller la cuisson	– Lire le mode d'emploi avant de se servir du four
Présenter		
– Spatule en bois – Plat de service	– Décoller les cookies avec une spatule en bois – Déposer les cookies sur un plat de service	– Les déposer avec harmonie

Critères d'évaluation

- Rangement et disposition rationnelle des espaces (préparer tout ce dont vous avez besoin avant de commencer à travailler).
- Choix correct des denrées et du matériel (attention aux quantités).
- Respect des procédures, des recettes, des règles d'hygiène (tenue professionnelle correcte et propre, lavage des mains, hygiène corporelle), des règles de sécurité, des locaux et des équipements, du temps imparti.
- Mise en œuvre des principes d'économie et d'ergonomie.
- Maîtrise des techniques.
- Conditionnement adapté pour la conservation.
- Organisation du travail et gestion.
- Remise en état du poste de travail.
- Qualités organoleptiques du résultat.

QUESTION 2

Activité de techniques d'entretien des locaux et des équipements

Activité : EFFECTUER L'ENTRETIEN D'UNE POUBELLE

Objectif : enlever les salissures adhérentes et non adhérentes et détruire les bactéries présentes.

Déroulement du travail

Matériel et produits	Méthode	Précautions/remarques
– Lavettes (usage unique) – Gants – Eau chaude – Détergent-désinfectant – Papier essuie-tout	– Enlever les débris alimentaires avec une lavette – Laver, avec une lavette propre et une solution détergente désinfectante, les parois intérieures de la poubelle et du couvercle de la poubelle – Laisser agir 5 à 10 minutes (suivant les consignes du fabricant) – Rincer à l'eau chaude les parois intérieures (et le couvercle) avec une lavette propre – Essuyer avec du papier essuie-tout pour sécher – Laver, rincer et essuyer les parois extérieures – Ranger la poubelle	– Porter des gants de ménage à usage unique – Utiliser un détergent-désinfectant qui enlève les salissures et élimine les micro-organismes – Bien lire le mode d'emploi des produits utilisés (la dilution, la température optimale) – Respecter les temps d'action et le rinçage éventuel (voir étiquette du fabricant)

Critères d'évaluation

- Choix correct des matériels, produits et accessoires.
- Respect des procédures, des dosages, des règles d'hygiène et de sécurité, des locaux et des équipements, du temps imparti, de la fréquence des entretiens.
- Mise en œuvre des principes d'économie et d'ergonomie.
- Maîtrise des techniques.
- Organisation du travail et gestion.
- Remise en état du poste de travail.
- Qualité du résultat.

2. PARTIE ÉCRITE : SAVOIRS TECHNOLOGIQUES ASSOCIÉS

QUESTION 1

- Non, ce goûter ne convient pas à un entant diabétique car ces gâteaux contiennent du sucre.
- OUI, si l'apport glucidique est adapté sur la journée et est en accord avec les prescriptions de médecin.

QUESTION 2

- Éliminer au fur et à mesure les coquilles d'œufs.
- Vérifier la DLUO (date limite d'utilisation optimale) des différents ingrédients utilisés.
- Conserver les denrées périssables au réfrigérateur.

- Laver et désinfecter le plan de travail.
- Se laver les mains régulièrement et en particulier après avoir touche les œufs.

QUESTION 3

- La dénomination de vente (nature exacte de la denrée).
- La composition du produit.
- La date de durabilité (DLC ou DLUO).
- La quantité nette : poids ou volume.
- Le nom et l'adresse du fabricant.
- Le numéro du lot de fabrication.

472753 – (I) – (7) – OSB100 – SPI

Elsevier Masson SAS
62, rue Camille-Desmoulins
92442 Issy-les-Moulineaux Cedex

Dépôt légal : octobre 2012

Imprimé en Italie par L.E.G.O. S.p.A.